ŒUVRES COMPLÈTES

EUGÈNE SUE.

LE
COMMANDEUR
DE MALTE

2

Nouvelle Édition

PARIS
CHARLES GOSSELIN,   PÉTION, ÉDITEUR,
30, rue Jacob.   11, rue du Jardinet.

M DCCC XLV

ŒUVRES COMPLÈTES

DE

EUGÈNE SUE.

LE COMMANDEUR DE MALTE.

OUVRAGES DU MÊME AUTEUR.

Le Juif errant.	10 vol. in-8.
Les Mystères de Paris.	10 vol. in-8.
Mathilde.	6 vol. in-8.
Deux Histoires.	2 vol. in-8.
Le marquis de Létorière.	1 vol. in-8.
Deleytar.	2 vol. in-8.
Jean Cavalier.	4 vol. in-8.
Le Morne au Diable.	2 vol. in-8.
Thérèse Dunoyer.	2 vol. in-8.
Latréaumont.	2 vol. in-8.
La Vigie de Koat-Ven.	4 vol. in-8.
Paula-Monti.	2 vol. in-8.
Le Commandeur de Malte.	2 vol in 8.
Plick et Plock.	1 vol. in-8.
Atar-Gull.	2 vol. in-8.
Arthur.	4 vol. in-8.
La Coucaratcha.	5 vol. in-8.
La Salamandre.	2 vol. in-8.
Histoire de la Marine (*gravures*)	4 vol. in-8.

Sceaux. — Impr. de E. Dépée.

LE
COMMANDEUR
DE MALTE

Par EUGÈNE SUE.

TOME DEUXIÈME.

PARIS,

CHARLES GOSSELIN, | PÉTION, ÉDITEUR,
Éditeur de la Bibliothèque d'élite, | Libraire-Commissionnaire,
30, RUE JACOB. | 11, RUE DU JARDINET.

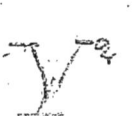

1845

LE COMMANDEUR DE MALTE.

CHAPITRE XXI.

LE FRÈRE DE LA MERCI.

Elzéar des Anbiez, frère de l'ordre sacré, royal et militaire de *Notre-Dame de la Merci, rédemption des captifs,* venait en effet de paraître sur le pont de la galère.

Les esclaves accueillaient sa présence avec un murmure de contentement et d'espérance, car il avait toujours quelques paroles de commisération pour ces malheureux.

La discipline établie sur la galère était si sévère, si immuable, d'une si rigoureuse justice, que le père Elzéar, malgré le tendre attachement qui l'unissait à son frère le commandeur, n'aurait pas osé lui demander la grâce d'un coupable. Mais il n'épargnait jamais ses encouragements ni ses consolations à ceux qui devaient subir quelque punition.

Le père Elzéar s'avança d'un pas lent au milieu du passage étroit qui séparait les deux rangées de bancs de la galère.

Il portait l'habit de son ordre : une longue soutanelle blanche, avec un camail de même étoffe, rabattu sur ses épaules ; une corde ceignait ses reins, et, malgré le froid, ses pieds nus reposaient sur le cuir de ses sandales......
Au milieu de sa poitrine, on voyait les armoiries de l'ordre, un écusson paillé d'or et de gueules, surmonté d'une croix d'argent fascée.

Le père Elzéar ressemblait à Raymond V. Ses traits étaient nobles, majestueux ; mais les austérités, les fatigues de sa pénible et sainte profession, leur imprimaient un caractère de souffrance habituelle.

Le sommet de son crâne était rasé ; une couronne de cheveux blancs entourait son front vénérable.

Sa figure pâle, amaigrie, ses pommettes saillantes, faisaient paraître plus grands encore ses yeux noirs d'une sérénité parfaite ; un sourire doux et triste donnait à sa physionomie une expression d'adorable bonté.

Il marchait un peu voûté, comme s'il eût contracté cette habitude à force de se baisser vers les captifs enchaînés.

Ses poignets débiles portaient de profondes, d'ineffaçables cicatrices. Pris dans un des nombreux voyages qu'il faisait de France en Barbarie pour le rachat des esclaves, il avait été mis à la chaîne, et si cruellement traité, qu'il conserva toute sa vie les marques de la barbarie des pirates.

Racheté par les soins de sa famille, il reprit volontairement la chaîne pour remplacer au bagne d'Alger un pauvre habitant de la Ciotat, qui ne pouvait payer sa rançon, et qu'une mère mourante appelait en France.

Depuis quarante ans il avait racheté plus de trois mille esclaves, soit avec l'argent de son patrimoine, soit avec le fruit de ses quêtes.

A l'exception de quelques mois passés tous les deux ou trois ans dans la maison de son frère Raymond V, le père Elzéar, noble, instruit, riche, ayant une fortune indépendante, qu'il affectait à la rédemption des esclaves, était sans cesse en voyage, soit sur terre pour recueillir des aumônes, soit sur mer pour aller délivrer les captifs.

Saintement voué à cette pieuse et rude mission, il avait toujours refusé les grades que sa naissance, que ses vertus, que son courage, que son angélique piété lui pouvaient assurer dans son ordre.

Son abnégation, sa simplicité d'une grandeur antique, frappaient tous les esprits de respect et d'admiration.

D'un esprit élevé, il avait tendu toutes les facultés de son âme vers un seul but, celui de donner à son langage une irrésistible puissance de consolation.

Aussi, quel triomphe pour lui, lorsque sa parole émue et pénétrante, rendait un peu de courage et d'espérance aux pauvres esclaves enchaînés à leur rames, lorsqu'il voyait leurs yeux, desséchés par le désespoir, se tourner vers lui, mouillés des douces larmes de la reconnaissance !

On reste confondu d'admiration quand on réfléchit à ces existences ainsi obscurément vouées à une des plus saintes, à une des plus admirables missions de l'humanité ! quand on songe à l'opiniâtreté sublime de ces hommes, toujours volontairement placés sous le sabre des pirates, de ces hommes qui risquaient chaque jour leur vie pour aller dans les bagnes exhorter à la patience, à la résignation, les esclaves que les barbares accablaient de travaux et de coups.

Ne fallait-il pas, enfin, aux frères de la Merci une bien admirable abnégation pour aller racheter, au milieu des plus grands périls, au prix de sacrifices énormes, des gens qu'ils ne devaient revoir jamais !

Au moins le prêtre, au moins le missionnaire jouissent-ils pendant quelque temps de la vue du bien qu'ils ont fait, de la reconnaissance de ceux qu'ils ont instruits, secourus ou sauvés ! Mais le rédempteur d'esclaves, à peine connu de ceux qu'il délivrait, les quittait pour toujours, après leur avoir donné le plus précieux des biens... la liberté !...

Pourtant c'était un beau jour pour les frères de la Merci, que celui où leurs *rachetés* débarquaient à Marseille, et se rendaient solennellement à l'église pour remercier le ciel de leur délivrance.

Des petit enfants, vêtus de blanc, tenant à la main des palmes vertes, les accompagnaient, et leurs faibles mains délivraient les captifs de leurs fers ; touchant symbole de la pieuse douceur de la mission des frères de la Merci...

. . . .

Lorsque le père Elzéar parut sur le pont de la galère, tous les esclaves enchaînés se tournèrent vers lui par un mouvement simultané.

A chaque pas qu'il faisait, les captifs maures ou turcs, s'avançant hors de leurs bancs, tâchaient de saisir ses mains et de les porter à leurs lèvres.

Quoique le père Elzéar fut habitué à recevoir ces marques de respect et d'attachement, il ne put retenir une larme qui brilla dans ses yeux.

Jamais peut-être sa piété n'avait été plus excitée.

Le temps était froid et sombre, l'horizon chargé de tempêtes, la rade sauvage, solitaire... et ces malheureux, pour la plupart habitués au chaud soleil d'Orient, étaient là, frissonnant de froid, demi-nus, et pour leur vie peut-être enchaînés à leurs bancs.

Quoique la commisération du père Elzéar fût égale pour tous, il ne pouvait s'empêcher de compatir davantage au sort de ceux dont les douleurs lui semblaient plus désespérées.

Depuis son départ de Malte, où il était venu rejoindre son frère avec dix captifs qu'il ramenait à la Ciotat, il avait remarqué un esclave maure de quarante ans environ, dont la physionomie expressive révélait un chagrin incurable.

Nul homme de la chiourme ne remplissait sa pénible tâche avec plus de courage, avec plus de résignation. Mais une fois le moment du repos arrivé, Le Maure croisait ses bras vigoureux, baissait la tête sur sa poitrine, et passait ainsi dans un sombre silence les heures pendant lesquelles ses camarades tâchaient d'oublier leur captivité.

Le cap-de-mestre de la galère, sachant l'intérêt que ce captif d'un caractère doux et tranquille inspirait au père Elzéar, s'approcha du religieux et lui apprit avec regret que le Maure allait subir une punition exemplaire pour une faute grave contre la subordination.

Le matin même, le Maure, plongé dans sa profonde et habituelle rêverie, n'avait pas répondu aux ordres d'un comite.

Ce dernier lui adressa une vive réprimande; le Maure resta immobile.

Outré de cette indifférence qu'il prit pour une insulte ou pour un refus de service, le comite asséna un coup de nerf de bœuf sur les épaules de l'esclave.

Le Maure bondit, poussa un rugissement sauvage et s'élança sur le comite de toute la longueur de sa chaîne, avec une telle rage qu'il le renversa ; sans plusieurs mariniers et soldats qui survinrent, l'esclave étranglait le comite.

Le captif qui portait la main sur un des maîtres de la galère était passible d'une peine terrible.

On l'étendait à demi-nu sur le plus grand des cinq canons placés dans les rambades, nommé le *Coursier*, puis deux hommes armés de lanières aiguës le frappaient sans relâche jusqu'à ce qu'il eût perdu tout sentiment.

Cette peine avait été prononcée le matin contre le Maure par le commandeur.

Connaissant le caractère inflexible de son frère, Elzéar ne songea pas d'abord à demander la grâce du coupable, il voulut seulement tâcher d'atténuer le cruel effet de la sentence en l'apprenant lui-même au captif.

Le Maure nouvellement embarqué ignorait complètement le sort qui l'attendait; le père Elzéar craignait qu'en l'instruisant sans ménagement de l'affreuse peine qu'il devait subir, il ne se livrât à un nouvel accès de fureur et n'encourût ainsi une peine capitale.

Lorsque le père Elzéar s'approcha de l'esclave, il le trouva plongé dans cette sorte de torpeur dont il ne sortait que pour se livrer à ses pénibles travaux.

Il portait comme les autres forçats un capot d'herbage gris à capuchon et un caleçon de toile; un cercle de fer entourait une de ses jambes nues, la chaîne qui s'y rattachait pouvait glisser le long d'une barre de fer de la longueur du banc; son capuchon, rabattu par dessus le fez ou bonnet de laine rouge qu'il portait, jetait une ombre transparente sur sa figure basanée; il tenait ses bras croisés sur sa poitrine; ses yeux fixes et ouverts semblaient regarder sans voir; ses traits étaient doux, réguliers; dans son extérieur rien n'annonçait un homme habitué à la fatigue et à de durs exercices.

Le père Elzéar, comme la plupart des frères de la Merci, parlait parfaitement arabe; il s'approcha doucement du captif, et lui touchant légèrement le bras, il le tira de sa rêverie.

En reconnaissant le père Elzéar qui avait toujours eu pour lui de consolantes paroles, le Maure sourit tristement, prit la main du religieux et la porta à ses lèvres.

— Mon frère est donc toujours absorbé par ses chagrins? — dit le père Elzéar en s'asseyant sur l'extrémité du banc, et en prenant les deux mains de l'esclave dans ses mains tremblantes et vénérables.

— Ma femme et mon enfant sont bien loins — répondit le Maure d'un air sombre — ils ignorent ma captivité... ils m'attendent.

— Il ne faut pas que mon cher fils perde tout espoir, tout courage. Dieu protége ceux qui souffrent avec résignation, il aime ceux qui aiment les leurs; mon frère reverra sa femme et son enfant.

Le Maure secoua la tête, puis d'un air tristement expressif, il leva lentement vers le ciel l'index de sa main droite.

Le père Elzéar comprit ce geste muet, et dit :

— Non, ce n'est pas là-haut que mon frère reverra ceux qu'il regrette. Ce sera ici.... sur la terre.

— On meurt trop vite loin de sa femme et de son enfant, mon père..... je n'aurai pas le temps de les revoir.

— On ne doit jamais désespérer de la miséricorde divine, mon frère. Bien des pauvres esclaves disaient comme vous : Jamais je ne reverrai les miens.... A cette heure, ils sont auprès des leurs, tranquilles, heureux.... Souvent les galères de la religion échangent leurs captifs contre des Francs; pourquoi mon frère ne serait-il pas un jour compris dans ces échanges?

— Un jour!... Peut-être !...Voilà donc mes seules espérances, — dit le Maure avec accablement.

—Pauvre malheureux! que serait-ce donc s'il fallait dire... jamais!

— Mon père a raison... jamais!.. jamais!... Oh! ce serait horrible!.... Oui.... peut-être... un jour!...

Et un douloureux sourire effleura les lèvres du Maure.

Le père Elzéar hésitait à lui faire la fatale confidence. Pourtant l'heure approchait ; il se résolut de parler.

—Mon frère avait jusqu'ici bien mérité de tous par sa douceur et par son courage; pourquoi faut-il que ce matin...... Le père Elzéar s'interrompit.

Le Maure le regarda d'un air étonné.

—Pourquoi faut-il que ce matin, mon frère, au lieu d'obéir aux ordres du comite, l'ait frappé?

— Je l'ai frappé, mon père, parce qu'il m'avait frappé sans raison.

— Hélas! vous étiez sans doute, comme tout à l'heure, absorbé dans vos regrets; ils vous auront empêché d'entendre les ordres du comite.

— Il m'avait donné des ordres?—demanda le Maure d'un air surpris.

— Par deux fois, mon frère; il vous a même réprimandé de ne pas les exécuter. Prenant enfin votre silence pour un outrage, alors il vous a frappé.

— Cela doit être comme vous le dites, mon père. Je me repens d'avoir frappé le comite... je ne l'avais pas entendu... A force de songer au passé, j'étais parvenu à oublier le présent... Je revoyais ma pauvre maison à Gigery; mon petit Acoül venait à ma rencontre; j'entendais sa voix, et en levant les yeux, je voyais sa mère voilée à demi et écartant les stores de notre balcon...

Puis, faisant à cette pensée un retour sur sa position, le Maure baissa la tête avec accablement, deux larmes coulèrent sur ses joues bronzées, et il dit avec une expression déchirante : — Et plus rien... plus rien...

A l'aspect de cet homme déjà si malheureux, le religieux frémit en songeant à ce qu'il devait lui apprendre ; il fut sur le point de faiblir devant cette pénible mission, mais il reprit courage.

— Je regrette bien que mon frère ait été si absorbé ce matin, car il a involontairement, je le sais, frappé le comite... Mais, hélas! la discipline veut qu'il soit puni.

— Que mon père me pardonne, mais je n'ai pu réprimer mon premier mouvement. Depuis ma captivité, c'était le premier rêve heureux que je faisais... Les coups qu'on m'a donnés m'ont arraché à ce songe chéri; j'étais furieux, non de douleur... mais de regrets... D'ailleurs que fait cela? Je suis esclave ici; je dois souffrir; je souffrirai la punition.

— Mais cette peine est cruelle... pauvre infortuné... elle est si cruelle, que je ne vous abandonnerai pas... pendant votre supplice... elle est si cruelle, que je serai près de vous... que je prierai pour vous, et au moins mes mains amies presseront vos mains crispées par la douleur.

Le Maure regarda fixement le père Elzéar, puis il dit avec un accent de résignation presque indifférente :

— J'aurai donc à souffrir beaucoup?

Le religieux, sans lui répondre serra plus fortement ses mains dans les siennes, et attacha sur lui ses yeux humides de larmes.

— J'avais pourtant fait mon devoir d'esclave le mieux possible... Mais qu'importe ! — dit le Maure en soupirant. — Dieu vous bénira, mon bon père, de ne pas m'abandonner... Et quand dois-je souffrir.

— Aujourd'hui... tout à l'heure...

— Que faire, bon vieillard ? Supporter, et bénir Dieu de ce qu'il vous a envoyé près de moi dans ce fatal moment.

— Pauvre créature ! — s'écria le père Elzéar, profondément touché de cette résignation — vous ne savez pas, hélas ! ce que vous aurez à souffrir !

Et d'une voix tremblante, émue, le religieux lui expliqua en peu de mots quelle était la peine qu'il devait subir.

Le Maure frissonna légèrement, et dit seulement :

— Au moins ma femme et mon enfant n'en sauront rien.

A ce moment le cap-de-mestre et quatre soldats, portant des casaques de feutre noir à croix blanches, s'approchèrent du banc auquel le Maure était enchaîné.

Hughes — dit le père Elzéar, au cap-de-mestre — suspendez, je vous prie, l'exécution, jusqu'à ce que j'aie parlé à mon frère.

La discipline établie sur la galère était si sévère, si absolue, que le canonnier regarda le religieux d'un air indécis ; mais, grâce au respect qu'inspirait le père Elzéar, il n'osa lui refuser sa demande.

Le père se rendit en toute hâte vers le gavon ou chambre de la galère, pour intercéder auprès du commandeur en faveur du Maure.

Après avoir traversé l'étroit couloir qui conduisait au logement de son frère, le religieux vit la clef de sa porte enveloppée d'un crêpe.

Ce signe toujours respecté annonçait que le commandeur défendait absolument et à tous l'entrée de sa chambre.

Néanmoins, le Maure inspirait tant d'intérêt au père Elzéar, que bien qu'il fût à peu près convaincu d'avance de l'inutilité de sa démarche, il voulut tenter un dernier effort.

Il entra chez le commandeur.

CHAPITRE XXII.

LE COMMANDEUR.

Le spectacle qui frappa les yeux du père Elzéar fut à la fois effrayant et solennel.

La chambre du commandeur très petite, et seulement éclairée par deux étroites fenêtres, était tendue de noir.

Un cercueil de bois blanc, rempli de cendres et fixé par des vis sur le plancher, servait de lit à Pierre des Anbiez.

Au-dessus de cette couche funèbre était suspendu le portrait d'un homme jeune encore, portant une cuirasse et s'appuyant sur un casque; un nez aquilin, une bouche fine et gracieusement dessinée, de grands yeux vert de mer donnaient à cette figure un caractère à la fois bienveillant et fier.

Au-dessous du cadre dans un cartouche on lisait cette date — 25 *décembre 1613* — un rideau noir pouvait cacher cette peinture.

Des armes de combat placées sur un râtelier servaient seules d'ornement à cette lugubre habitation.

Pierre des Anbiez n'avait pas remarqué l'entrée de son frère.

Agenouillé devant un prie-Dieu, le commandeur était à demi couvert d'un cilice de crin qu'il portait nuit et jour : il avait les épaules nues. Aux gouttes de sang figé, aux sillons bleuâtres qui marbraient sa chair, on voyait qu'il venait de s'infliger une sanglante discipline.

Il avait la tête baissée et appuyée sur ses deux mains ; quelques mouvements convulsifs agitaient ses épaules meurtries, comme si sa poitrine eût bondi sous des sanglots comprimés.

Le prie-Dieu, où s'agenouillait le commandeur, était placé au-dessous de deux petites fenêtres qui ne jetaient dans cette pièce qu'un jour rare et douteux.

Au milieu de cette demi-obscurité, la figure pâle, les longs vêtements blancs du père Elzéar se détachaient d'une manière étrange sur les lambris tendus de noir : on eût dit d'un spectre.

Le religieux semblait pétrifié ; il n'avait jamais cru son frère capable de s'imposer de pareilles mortifications.

Il leva les mains au ciel en poussant un profond soupir.

Ce bruit fit tressaillir le commandeur. Il se retourna vivement et s'écria d'un air égaré, en voyant dans l'ombre la figure immobile du père Elzéar :

— Es-tu un spectre ? viens-tu me demander compte du sang que j'ai versé ?

La physionomie du commandeur était effrayante.

Jamais le remords, jamais le désespoir, jamais la terreur n'imprimèrent un sceau plus terrible sur le front d'un coupable.

Ses yeux rougis par les larmes étaient fixes, hagards ; ses cheveux gris et ras semblaient se hérisser sur son front ; ses lèvres bleuâtres frissonnaient d'épouvante ; ses bras musculeux, décharnés, étaient tendus en avant, ils semblaient conjurer une vision surnaturelle.

— Mon frère, mon frère — dit Elzéar, et il se précipita vers le commandeur. — Mon frère, c'est moi ; que Dieu soit avec vous...

Pierre des Anbiez regarda fixement le religieux, comme s'il ne l'eût pas reconnu. Puis, s'affaissant sur lui-même au pied du prie-Dieu, il laissa tomber sa tête sur sa poitrine et s'écria d'une voix sourde :

— Le Seigneur n'est jamais avec un meurtrier : et pourtant — ajouta-t-il en relevant à demi la tête et en regardant le portrait avec épouvante — et pourtant, pour expier mon crime, j'ai voulu avoir toujours sous les yeux les traits de ma victime ! Sur ma couche de cendres, où je cherche un repos qui me fuit, à chaque heure du jour, à chaque heures de la nuit, je contemple la figure inflexible de celui qui me dit sans cesse... Meurtrier ! meurtrier ! tu as versé mon sang... sois maudit !!

— Mon frère !.... mon frère !.... revenez à vous — dit tout bas le religieux. Il craignait que du dehors on n'entendît la voix du commandeur.

Celui-ci, sans répondre à son frère, se dégagea de ses bras, se leva de toute la hauteur de sa grande taille et s'avança vers le portrait.

— Depuis vingt ans s'est-il passé un jour... où je n'ai pas pleuré mon crime?..... Depuis vingt ans, à force d'austérités, n'ai-je pas tâché d'expier ce meurtre? que me veux-tu donc, infernal souvenir? que me veux-tu?... Toi aussi... toi, ma victime... n'as-tu pas versé du sang!... le sang de ma complice!... Mais, hélas! hélas! ce sang!... tu pouvais le verser... toi... la vengeance... t'en donnait le droit... et moi je n'ai été qu'un infâme assassin... Oh! oui, la vengeance est juste... frappe... frappe donc sans pitié!... La main de Dieu me frappera bientôt éternellement!

Accablé par tant d'émotions diverses, le commandeur, presque privé de sentiment, retomba à genoux, à demi couché sur le cercueil qui lui servait de lit.

Jamais le père Elzéar n'avait pénétré le sombre secret de son frère. Il le savait en proie à une mélancolie profonde, mais il en ignorait la cause.

Le religieux était à la fois effrayé et désespéré de la sinistre confidence que le commandeur venait de lui faire dans un moment d'exaltation ivolontaire.

Pour que Pierre des Anbiez, homme d'un caractère de fer, d'un courage à toute épreuve, se laissât ainsi abattre, il fallait que la cause de son désespoir toujours renaissant fût bien terrible.

L'intrépidité du commandeur était proverbiale ; il y avait quelque chose de fatal dans la froide témérité qu'il montrait au milieu des plus grands périls.

Sa morne impassibilité ne l'abandonnait pas davantage au milieu des luttes effrayantes que l'homme de mer doit soutenir contre les éléments.

Son courage approchait de la férocité ; une fois la bataille engagée, armé d'une pesante masse d'armes hérissée de pointes, jamais il n'accordait de quartier aux pirates. Mais cette fièvre de massacre cessait dès que les cris des combattants, dès que la vue du sang ne l'animaient plus. Il redevenait alors calme, humain, quoique impitoyable pour la moindre faute de discipline. Il avait soutenu les plus brillants combats contre les barbaresques ; sa galère noire était l'effroi et le but constant de l'attaque des pirates. Mais, grâce à la supériorité de son équipage, jamais la *Notre-Dame-des-sept-Douleurs* n'avait pu être prise, ses défaites mêmes avaient coûté bien cher à l'ennemi.

Le père Elzéar, assis au bord du cercueil, soutenait la tête de son frère sur ses genoux.

Le commandeur, pâle comme un spectre, avait le front inondé d'une sueur froide ; enfin il reprit ses sens.

Pierre des Anbiez regarda autour de lui d'un air sombre et étonné ; puis, jetant les yeux sur ses bras et sur ses épaules nues que recouvrait à peine son cilice, il demanda brusquement au religieux.

— Comment êtes-vous ici, Elzéar ?

— Quoiqu'il y eût un crêpe sur votre porte, Pierre, j'ai cru pouvoir entrer ; le sujet qui m'amenait auprès de vous était très important.

Une expression de vif mécontentement se peignit sur les traits du commandeur, il s'écria :

— Et j'ai parlé, sans doute ?

— Le Seigneur a dû être touché des paroles que j'ai entendues sans les comprendre, mon frère... d'ailleurs votre esprit était égaré; vous étiez sous l'obsession de quelque illusion fatale.

Pierre sourit amèrement. — Oui, c'était une illusion... un rêve — dit-il — vous le savez, je suis quelquefois accablé de noires imaginations pendant lesquelles je délire... c'est pour cela que je veux être seul durant ces moments de démence... Croyez-moi, Elzéar, il faut qu'alors la présence de tout être humain me soit bien intolérable puisque je redoute même la vôtre.

En disant ces mots, le commandeur entra dans un cabinet voisin du gavon; il en ressortit bientôt vêtu d'une longue robe de bure noire sur laquelle était écartelée la croix blanche de son ordre.

La taille de Pierre des Anbiez était haute, droite, robuste; ses membres secs, nerveux, annonçaient, malgré son âge, une vigueur peu commune; l'ensemble de ses traits basanés était dur et guerrier; d'épais sourcils noirs ombrageaient ses yeux renfoncés, caves, ardents, qui semblaient toujours briller du sombre feu de la fièvre ; une profonde cicatrice partageait son front, sillonnait sa joue et se perdait dans sa barbe grise, courte et touffue.

En rentrant dans sa chambre, Pierre des Anbiez se promena de long en large, les mains croisées derrière son dos, sans adresser une seule parole à son frère.

Enfin, s'arrêtant, il tendit au religieux sa main droite cruellement couturée par un coup de feu.

— Le signe que j'avais attaché à la porte devait assurer ma solitude — lui dit-il. — Depuis le premier officier jusqu'au dernier soldat de ma galère, personne n'ose entrer ici dès qu'il a vu ce signe ; je me croyais donc seul, aussi seul qu'au fond d'un cloître, ou que dans la cellule la plus reculée de la grande pénitencerie de l'ordre... Ainsi mon frère, quoi que vous ayez entendu, quoi que vous ayez vu, promettez-moi de ne jamais me dire un mot à ce sujet ; que ce qui s'est passé soit pour vous aussi oublié, aussi sacré qu'un aveu fait par un mourant sous le sceau de la confession.

— Il en sera ainsi que vous le désirez,

Pierre... — répondit tristement le père Elzéar — je pense seulement avec douleur que je ne puis rien aux chagrins qui vous accablent depuis si longtemps.

— Rassurez-vous. Il n'est pas donné au pouvoir de l'homme de me consoler — répondit le commandeur. — Puis, comme s'il eût craint de blesser l'affection de son frère, il ajouta :

— Pourtant votre amitié fraternelle et celle de Raymond me sont bien chères ; mais, hélas ! quoique la rosée de mai, quoique les douces pluies de juin tombent dans la mer, elles ne peuvent adoucir l'amertume de ses eaux profondes... Mais que venez-vous me demander ?

— La grâce d'un pauvre Maure comdamné pour ce matin à la coursie.

— Cette sentence est exécutée ; elle ne le serait pas, mon frère, que je ne saurais vous accorder cette grâce.

— Dieu merci, cette sentence n'est pas exécutée ; il me reste donc quelque espoir, Pierre !

— Ce sablier marque deux heures... j'ai donné ordre au cap-de-mestre d'attacher le Maure au *Coursier* à une heure ; cet esclave doit être maintenant entre les mains des barberots* et du chapelain ; que Dieu sauve l'âme de ce païen, si son corps n'a pu résister aux tourments.

— A ma pressante demande le cap-de-mestre a sursis à l'exécution, mon frère!

— Vous ne pouvez dire ce qui n'est pas, Elzéar ; mais en ce moment vous venez de faire un funeste présent au cap-de-mestre.

— Pierre... songez que moi seul je suis responsable... Pardonnez...

— Sainte-croix ! — s'écria le commandeur avec impétuosité — pour la première fois depuis que je commande cette galère, j'aurais pardonné dans le même jour les deux fautes les plus graves qui se puissent commettre ! la révolte de l'esclave contre le bas officier ! l'indiscipline du bas officier envers son chef. Non, non, cela est impossible!

Le commandeur prit un sifflet d'argent à sa ceinture et siffla.

Un page vêtu de noir parut à la porte.

— Le cap-de-mestre — dit le commandeur d'un ton bref.

Le page sortit.

* Chirurgiens des galères.

— Ah! mon frère, serez-vous donc sans pitié — s'écria Elzéar avec un accent de douloureux reproche.

— Sans pitié? — et le commandeur sourit avec amertume — oui sans pitié... pour les fautes des autres comme pour mes propres fautes.

Le religieux, se souvenant du terrible châtiment que son frère s'était récemment infligé, songea qu'un homme aussi inflexible envers lui-même ne manquerait pas à la rigoureuse observance de la discipline; il renonça à tout espoir et baissa tristement la tête.

Le cap-de-mestre entra.

— Vous resterez huit nuits aux fers sur les rambades — dit le commandeur.

Le marin s'inclina respectueusement sans répondre un seul mot.

— Qu'on prévienne le chapelain et le barberot que le Maure va être châtié sur le *Coursier*.

Le cap-de-mestre s'inclina plus profondément encore et disparut.

Mais au moins je n'abandonnerai pas ce pauvre malheureux — s'écria le père Elzéar, en se levant précipitamment pour accompagner le cap-de-mestre.

Le religieux sorti, Pierre des Anbiez recommença de se promener lentement dans sa chambre.

De temps à autre ses regards étaient attirés, comme malgré lui, vers le portrait fatal dont on a parlé, portrait d'un homme dont il se reprochait le meurtre.

Alors le commandeur faisait quelques pas avec agitation, sa figure s'obscurcissait davantage encore.

Pour la première fois peut-être depuis bien longtemps, le commandeur sentit une émotion pénible en pensant au cruel supplice que subissait le Maure.

Cette punition était juste, méritée ; mais il se souvenait que ce malheureux captif avait été jusque-là doux, soumis, laborieux.

Telle était l'inflexibilité du caractère de Pierre des Anbiez qu'il se reprocha cette pitié involontaire comme une faiblesse coupable.

Enfin, les lugubres fanfares des clairons de la galère annoncèrent que l'exécution était terminée.

On entendit le mouvement lent et régulier du pas des soldats et des mariniers qui rompaient leurs rangs, après avoir assisté au supplice.

Bientôt le père Elzéar entra pâle, défait, les yeux baignés de larmes, sa soutanelle tachée de sang.

— Ah! mon frère!... mon frère!... si vous assistiez à ces exécutions, de votre vie vous n'auriez le courage de les ordonner.

— Et le Maure? — demanda le commandeur sans autrement répondre à son frère.

— J'avais ses pauvres mains dans les miennes..... il a supporté les premiers coups avec une résignation héroïque, fermant les yeux comme pour arrêter ses larmes, et me disant seulement : — Mon bon père, ne m'abandonnez pas. — Mais quand la douleur est devenue intolérable... quand le sang commença à jaillir sous les lanières... ce malheureux a paru concentrer toutes ses forces sur une pensée qui devait lui donner le courage de supporter ce martyre. Sa figure a pris une expression de pénible extase, alors il sembla vaincre, défier la douleur ; il s'est écrié avec un accent qui semblait venir du fond de ses entrailles paternelles : — Mon fils !! Acoüb !... mon enfant aimé.

En racontant le supplice et les dernières paroles du Maure, le père Elzéar ne put retenir ses larmes, et dit à son frère :

— Ah ! Pierre... si vous l'aviez entendu, si vous saviez avec quel accent passionné il disait ces mots : — Mon fils... mon enfant aimé !... — vous auriez eu pitié de ce pauvre père... qu'on a emporté privé de connaissance.

Quel fut l'étonnement du religieux lorsqu'il vit le commandeur, ne pouvant surmonter son émotion, cacher sa tête dans ses mains et s'écrier au milieu des sanglots :

— Un fils..... un fils..... moi aussi j'ai un fils !...

CHAPITRE XXIII.

LA POLACRE.

Le lendemain du supplice du Maure, le vent de tramontane redoubla de violence.

Les vagues déferlaient avec fureur sur la ceinture de rochers au milieu desquels s'ouvrait l'étroit passage qui conduisait dans la rade de Tolari.

Vers les onze heures du matin, maître Simon, monté sur la plate-forme des rambades, causait avec maître Hugues de l'exécution de la veille et du courage du Maure.

Tout-à-coup, à leur grand étonnement, ils virent une polacre presque à sec de voiles, et fuyant devant la tempête, s'avancer avec la rapidité d'une flèche vers la passe dangereuse dont nous avons parlé.

Tantôt le frêle bâtiment, s'élevant sur la crête des vagues énormes, laissait voir le taillemer de sa carène qui ruisselait d'écume, comme le poitrail d'un cheval de course.

Tantôt au contraire, s'abîmant dans le creux des lames, la polacre plongeait avec tant de violence que sa poupe s'élevait presque perpendiculairement.

Alors on pouvait parfaitement distinguer sur son pont inondé deux hommes enveloppés de cabans bruns à capuchon, qui faisaient tous leurs efforts pour maintenir la barre du gouvernail.

Cinq autres marins, accroupis à l'avant ou se tenant aux cordages, attendaient le moment d'aider à la manœuvre.

Ainsi, tour à tour portée au sommet des vagues et précipitée dans leurs profondeurs, la polacre avançait avec une effrayante vélocité vers l'étroite entrée du chenal où la mer brisait avec furie.

— Par saint Elme—s'écria maître Simon— voilà un navire perdu!

— Perdu — reprit froidement Hugues — dans quelques minutes ses voiles et sa coque ne seront plus que des débris... ses mariniers ne seront plus que des cadavres... Que le Seigneur sauve les âmes de nos frères !

— Comment ose-t-il s'aventurer dans ce passage par un temps pareil ? — dit le canonnier.

— Périr pour périr, il vaut encore mieux se perdre avec une lueur d'espérance... Quand on espère, on prie et on meurt en chrétien ; quand on désespère, on blasphème, et on meurt en païen.

— Regardez..... regardez, maître Simon, voilà le petit navire dans les brisants : c'est fait de lui !

A ce moment le commandeur, qu'on avait été avertir de l'approche de ce bâtiment et de sa position désespérée, parut sur le pont avec tous les chevaliers, officiers ou caravanistes montant la galère.

Après avoir jeté un coup-d'œil attentif sur la polacre et sur les brisants, Pierre des Anbiez dit d'une voix haute et solennelle :

— Que les deux caïques soient prêts et armés pour aller tout à l'heure recueillir les cadavres sur la grève... aucune puissance humaine ne peut sauver ce malheureux navire... Dieu seul le peut.

Pendant que les comites surveillaient l'exécution de cet ordre, le commandeur se retournant vers le chapelain :

— Mon frère, disons les prières des agonisants pour ces malheureux. Frères, à genoux... Que la chiourme se découvre.

Ce fut un grand et imposant spectacle.

Tous les chevaliers, vêtus de noir, s'agenouillèrent, tête nue, sur le pont; la cloche de la prière tinta tristement son glas funèbre au milieu des rugissements du vent.

Les esclaves se mirent aussi à genoux et découverts.

A l'arrière et au milieu du groupe noir des chevaliers, on distinguait le frère Elzéar à sa soutanelle blanche.

Les prières des agonisants commencèrent avec autant de recueillement que si la scène se fût passée à terre dans l'église d'un cloître.

Ce n'était pas là une vaine prière..... ces moines-soldats étaient tristes et recueillis. Marins... ils voyaient l'équipage perdu sans ressources... chrétiens, ils priaient pour l'âme de leurs frères.

En effet, la polacre semblait devoir s'anéantir à chaque instant ; les vagues furieuses, en s'engouffrant dans le chenal étroit qu'elles de-devaient traverser, rompaient le courant et tourbillonnaient en tous sens.

Les voiles que la polacre aurait pu hisser pour appuyer sa marche, étant souventées par la hauteur du rocher, elle devait se briser faute de pouvoir se servir de son gouvernail, impuissant au milieu de ces eaux sans courant et sans cesse refoulées sur elles-mêmes.

Les prières, les chants continuaient toujours.

On distinguait au-dessus de toutes les voix la voix mâle et sonore du commandeur.

Les esclaves, agenouillés, regardaient avec une apathie farouche cette lutte désespérée de l'homme contre les éléments.

Tout-à-coup, par un hasard inespéré, soit que la polacre fût d'une construction si parfaite qu'elle répondît à l'action de son gouvernail, dans une des circonstances où le plus grand nombre des bâtiments n'en eussent pas senti l'effet, soit que la petite voile triangulaire qu'elle hissa reçut quelque courant d'air supérieur, ce bâtiment, appuyé dans sa marche, franchit le dangereux passage avec la vitesse et la légèreté d'une mouette.

Quelques minutes après, la polacre se trouvait hors de tout péril, au milieu des eaux de la rade.

Cette manœuvre fut si imprévue, si merveilleuse, si bien exécutée, que l'étonnement suspendit un moment la prière des chevaliers.

Le commandeur stupéfait dit aux officiers, après quelques moments de silence :

— Mes frères, remercions le Seigneur d'avoir entendu nos prières et chantons une action de grâces.

Pendant que la galère retentissait de cette invocation pieuse et solennelle, la polacre *la Sainte-Épouvante des Moresques*, car c'était elle, louvoyait dans la rade sous une petite voilure, pour s'approcher de la galère noire.

Elle en était à peu de distance, lorsqu'un coup de canon parti des rambades de *la Notre-Dame des sept douleurs*, lui fit signal de hisser son pavillon et de le mettre en panne.

Un second coup de canon lui ordonna d'envoyer son capitaine à bord de la galère noire.

Quelque intérêt qu'il eût inspiré au commandeur, ce bâtiment, le péril passé, devait se conformer aux règles établies pour la visite des navires.

Bientôt la polacre mit en panne ; son petit canot, armé de deux rameurs et gouverné par un troisième marin, vint aborder à poupe de la galère.

L'homme qui tenait le gouvernail abandonna la barre, gravit lestement les escaliers des espales, et se trouva devant le commandeur et ses chevaliers réunis à l'arrière de la galère.

Le marin en question n'était autre que notre ancienne connaissance, le digne Luquin Trinquetaille.

Son caban, ses bottes de pêcheur et ses grègues de grosse laine ruisselaient d'eau.

En mettant le pied sur le pont de la galère, il fit respectueusement retomber son capuchon sur ses épaules, et l'on vit sa bonne et honnête figure encore animée par les terribles émotions qu'il venait d'éprouver.

Le commandeur dans ses voyages à la Maison-Forte y avait souvent vu Luquin, aussi fut-il agréablement surpris en reconnaissant un homme qui pouvait lui donner des nouvelles de Raymond V.

— Le Seigneur a retiré ton bâtiment d'un grand péril — lui dit le commandeur. — Nous avions déjà prié pour ton âme et pour celle de tes compagnons.

— Bénis soyez tous, monsieur le commandeur! nous en avions bien besoin, car la passe est rude, et depuis que je navigue je n'ai assisté à pareille fête.

Le commandeur dit au capitaine d'un air sévère : — Les épreuves que le Seigneur nous envoie ne sont pas des fêtes... Comment se porte monsieur mon frère?

— Monseigneur se portait bien — répondit Trinquetaille un peu honteux des reproches du commandeur; — je l'ai laissé en bonne santé avant-hier quand j'ai quitté la Maison-Forte.

— Et mademoiselle des Anbiez? — dit le père Elzéar qui s'était approché?

— Mademoiselle des Anbiez se porte aussi très-bien, mon père, — dit Luquin.

— D'où viens-tu?... où vas-tu? — dit le commandeur.

— Monsieur le commandeur, j'étais sorti hier de la Ciotat avec trois *Essanguis* [*] armés pour croiser à deux ou trois lieues des côtes, pour tâcher de découvrir les pirates.

— Les pirates?

— Oui, monsieur le commandeur. Un chebek barbaresque a paru, il y a trois jours; maître Peyroü l'a découvert. Toute la côte est en alarme, on s'attend à une descente... et l'on a raison, car une tartane de Nice que j'ai rencontrée avant le coup de vent, m'a dit avoir vu, à l'est de la Corse, trois bâtiments, dont la *Gallione rouge* de Pog-Reis le renégat.

— Pog-Reis! — s'écria le commandeur.

— Pog-Reis! — répétèrent les chevaliers qui entouraient le commandeur.

— Pog-Reis! — dit encore Pierre des Anbiez avec une expression de sombre contentement, comme s'il allait rencontrer enfin un

[*] Bâteau-pêcheur des côtes de Provence.

ennemi implacable longtemps cherché et qui, par fatalité, lui avait toujours échappé.

— Que venais-tu faire à Tolari? — demanda le commandeur à Trinquetaille.

— Révérence parler, monsieur le commandeur, je n'y venais pas pour mon plaisir. Surpris par le coup de vent d'hier, j'ai louvoyé cette nuit comme j'ai pu; mais le temps est devenu si forcé... que, regardant ma polacre comme perdue, j'ai fait un vœu à *Notre-Dame de-la-Garde*, et j'ai risqué d'essayer d'entrer dans la passe que je connaissais, car j'ai mouillé ici bien des fois en revenant des côtes de Sardaigne.

— Fasse le Seigneur que cette tramontane cesse! — dit le commandeur — puis s'adressant à son pilote Hauturier : — Que penses-tu du temps, pilote?

— Monsieur le commandeur, si le vent augmente encore jusqu'au coucher du soleil, il y a des chances pour qu'il cesse au lever de la lune.

— Si cela est ainsi — dit le commandeur à Trinquetaille — et que cette nuit tu puisses sortir sans danger, tu iras à la Ciotat prévenir monsieur mon frère de mon arrivée.

— Et ce sera une grande joie à la Maison-Forte, monsieur le commandeur, sans compter que votre venue pourra y être bien utile; car un bateau de Marseille que j'ai rencontré m'a dit que des gens de guerre étaient partis pour la Ciotat avec le capitaine de la compagnie des gardes de monseigneur le maréchal de Vitry. On disait dans le public que ces troupes pouvaient bien être envoyées à la Maison-Forte par suite de l'affaire du greffier Isnard?

— Qu'est-ce que cela veut dire? — demanda le commandeur à Luquin.

Le capitaine raconta comment Raymond V, au lieu de se soumettre aux ordres du gouverneur de la Provence, avait fait poursuivre son émissaire par ses taureaux.

En entendant la narration de cette mauvaise et imprudente plaisanterie de Raymond V, le commandeur échangea un triste coup-d'œil avec le père Elzéar; comme s'ils eussent intérieurement déploré la folle et téméraire conduite de leur frère.

—Descends au *scandalard* *, le maître valet t'y donnera de quoi te réchauffer et te réconforter — dit le commandeur à Luquin.

Celui-ci obéit à cet ordre avec reconnaissance et se rendit à l'avant, suivi de quelques curieux, désireux d'avoir des nouvelles de Provence.

Le commandeur rentra chez lui avec son frère et lui dit : — Dès que le temps le permettra, nous partirons pour la Maison-Forte. Je tremble que Raymond ne soit victime de ses témérités envers les créatures du cardinal. Fasse le Seigneur que je rencontre Pog-Reis et que je puisse empêcher le mal qu'il projette sur cette plage sans défense et sur cette malheureuse ville.

* Endroit où l'on renferme les provisions.

CHAPITRE XXIV.

LA GALLIONE ROUGE ET LA SYBARITE.

A peu-près au même instant où *la Sainte-Épouvante des Moresques* faisait sa merveilleuse entrée dans la rade de Tolari et y ralliait la triste et noire galère de Malte, trois bâtiments d'une espèce toute différente étaient mouillés au fond du *Port-Mage*, assez bonne rade située vers le nord-est de l'île de Porte-Cros, l'une des plus petites des îles d'Hières.

Éloignée d'environ six à sept lieues de la Ciotat, Porte-Cros était à cette époque de l'année presque entièrement inhabitée.

Dans la saison de la pêche du thon et de la sardine, des pêcheurs venaient y faire un établissement passager.

Deux galères et un chebek avaient donc jeté l'ancre au fond de la baie dont nous parlons.

La tempête ne diminuait pas de violence; mais les eaux du Port-Mage, abritées par de hautes terres du côté du nord-ouest, étaient fort tranquilles, et reflétaient dans leur calme azur les brillantes couleurs dont étincelaient la gallione rouge de Pog-Reis, et la galère verte de Trymalcion, le chebek d'Érèbe n'ayant rien de remarquable sans son extérieur.

Les craintes du guetteur et les soupçons de Reine n'avaient été que trop fondés.

Les trois inconnus des gorges d'Ollioules n'étaient autres que des capitaines pirates, non pas barbaresques, mais renégats.

Pendant l'une de leurs croisières, ils s'étaient emparés d'un bâtiment hollandais, et avaient trouvé à son bord un seigneur moscovite, son fils et son précepteur. Après les avoir vendus comme esclaves à Alger, ils prirent leurs papiers, et eurent l'audace de débarquer à Cette, de venir à Marseille par terre et de se présenter à M. de Vitry sous des noms empruntés.

Le maréchal, trompé par cette ruse hardie, les avait parfaitement accueillis.

Après quelque temps de séjour employés fructueusement à s'enquérir des départs et des arrivées des bâtiments de commerce, les trois forbans étaient revenus à Cette; depuis lors, ils ne s'étaient pas éloignés des côtes de Provence.

Ils méditaient un coup important sur ce littoral, et se tenaient tantôt dans une des nombreuses baies de l'île de Corse, tantôt dans l'un des petits hâvres déserts des côtes de France ou de Savoie; car, à cette époque, les rivages étaient si mal gardés que les pirates risquaient de pareils atterrissements sans danger et sans scrupule.

Il y avait autant de différence entre l'aspect des deux galères barbaresques dont nous parlons et celle du commandeur, qu'il peut y avoir de différence entre une nonne lugubrement vêtue de noir et une folle bohémienne éblouissante de satin et de paillette.

Autant l'une était silencieuse et sombre, autant les autres se montraient bruyantes et joyeusement animées.

Nous conduisons de préférence le lecteur à bord de *la Sybarite*, galère de vingt-six rames, commandée par Trymalcion et mouillée à quelques encablures de *la Gallione rouge*, de Pog-Reis.

La construction des galères barbaresques ressemblait beaucoup à celle des galères de Malte. Les ornements seuls et l'emménagement intérieur d'une grande splendeur en différaient extrêmement.

La chiourme se composait d'esclaves, soit chrétiens, soit noirs, soit même turcs, car les renégats s'inquiétaient peu du mode de recrutement de leurs équipages.

Quoiqu'ils fussent enchaînés à leurs bancs, ainsi que les forçats des galères de Malte, les esclaves de *la Sybarite* semblaient subir l'influence du joyeux atmosphère qui les entourait.

Au lieu d'avoir l'air farouches, sombres ou accablés, leur physionomie exprimait une grossière insouciance ou une impudence cynique. Ils paraissaient robustes et faits pour endurer les plus rudes fatigues, mais les craintes qu'inspirait leur caractère indiscipliné se trahissaient par l'énergique appareil de répression dont on les entourait.

Deux fauconneaux et plusieurs espingoles à pivot, continuellement braqués sur la chiourme, étaient disposés de telle façon qu'ils pussent balayer la galère d'un bout à l'autre.

Les spahis ou soldats d'élite chargés de surveiller la chiourme portaient toujours de longs pistolets à leur ceinture et une hache d'armes à la main.

L'uniforme des spahis se composait de cabans rouges, de guêtres de maroquin brodés, et d'une cotte de maille par-dessous leur veste verte galonnée de jaune. Leur fez écarlate était entouré d'un turban de grosse mousseline blanche roulée *à la négligente,* mode antique qui remontait, dit-on, aux hommes d'armes de Hai-Reddin-Barberousse.

Le costume de la chiourme n'était pas uniforme ; le pillage lui venait merveilleusement en aide pour remplacer ses vêtements usés.

Les uns portaient des chausses et des pourpoints où l'on voyait encore la trace des galons d'or ou d'argent qui les avaient ornés et que le *reis* (capitaine) avait fait enlever à son profit.

D'autres étaient vêtus de casaques de gens de guerre ; quelques-uns enfin portaient comme trophée des surtouts de feutre noir enlevés aux soldats de la religion.

Malgré l'apparence hétérogène de cet équipage, la galère de Trymalcion-Reis était tenue avec une minutieuse propreté.

Sa peinture vert de mer réchampie de filets pourpres était, à l'arrière, richement rehaussée d'or. Enfin un pavillon rouge sur lequel on voyait brodé en blanc le sabre à double tranchant nommé *Zulfekar*, était le seul signe qui fît reconnaître la *Sybarite* pour un bâtiment pirate barbaresque.

Un peu plus loin, la *Gallione rouge* de Pog-Reis, d'une apparence plus sévère et plus martiale, se balançait sur ses ancres.

Enfin, près de l'entrée de la baie, le *Tshekedery* ou bâtiment léger, commandé par Érèbe, portait les mêmes bannières.

Les côtes de France étaient alors, nous l'avons dit, dans un si déplorable état de défense que ces trois bâtiments avaient pu, sans le moindre obstacle, relâcher dans le port pour échapper au coup de vent qui régnait depuis la veille.

Si l'extérieur de la *Sybarite* était splendide, l'intérieur de ce bâtiment offrait tous les raffinements du luxe le plus recherché et un heureux mélange des habitudes de l'Orient et de l'Occident.

Un nain nègre, bizarrement vêtu, venait de frapper trois coups retentissants sur un gong chinois placé à poupe près du gouvernail.

A ce signal une assez bonne musique composée d'instruments à vent fit entendre plusieurs airs de bravoure.

C'était l'heure du dîner de Trymalcion.

La chambre de poupe était momentanément changée en salle à manger.

Les cloisons disparaissaient sous de riches tentures de brocatelle de Venise ponceau à larges dessins verts et or.

Pog et Trymalcion étaient assis à table.

Trymalcion avait toujours le ventre gros, le teint animé, l'œil vif, la physionomie joyeuse, les lèvres rouges et sensuelles. Sa longue et moelleuse pelisse de velours bleu fourrée de martre laissait voir en s'entr'ouvrant un buffle d'une souplesse extrême, recouvert d'une maille d'acier si finement travaillée qu'elle était aussi flexible que la plus mince étoffe. Cette habitude de porter continuellement une arme défensive prouvait dans quelle confiante sécurité vivait habituellement le capitaine de la *Sybarite*.

Pog-Reis, placé en face de son compagnon, avait toujours le même air hautain et sarcastique. Il portait un yellek arabe de velours noir brodé de soie de même couleur, sur lequel s'étalait sa longue barbe rousse ; son bonnet rouge et vert à la mode albanaise couvrait à demi son front blanc et profondément sillonné de rides.

Deux femmes esclaves d'une beauté accomplie, l'une mulâtresse, l'autre circassienne, vêtues de légères simarres d'étoffe de Smyrne, faisaient avec le nain nègre le service de la table de Trymalcion.

Sur une étagère à roulis, on voyait de magnifiques pièces d'orfévrerie dépareillées, il est vrai, mais du plus beau travail ; les unes d'argent, les autres de vermeil, les autres d'or enrichies de pierres précieuses.

Au milieu de cette riche vaisselle, fruit de la rapine et du meurtre, on avait, par une dérision sacrilége, placé quelques vases sacrés, enlevés soit dans des églises des villes du littoral, soit à bord des bâtiments chrétiens.

Un parfum très pénétrant, mais très doux, brûlait dans un encensoir d'argent accroché à l'une des solives du plafond.

Assis sur un moëlleux divan, le capitaine de la *Sybarite* dit à son convive :

— Excusez cette pauvre hospitalité, mon compère... j'aurais voulu pouvoir remplacer ces pauvres filles par des esclaves égyptiens, qui, armés d'aiguières en métal de Corinthe, nous eussent versé en chantant de l'eau-de-neige à la rose sur les mains.

— Ce ne sont pas les vases qui vous manquent, Trymalcion — dit Pog en jetant un coup d'œil sur le buffet.

— Eh bien ! oui... ce sont des vases d'or ou d'argent ; mais qu'est-ce que cela auprès du métal de Corinthe dont parle l'antiquité, mélange composé d'or, d'argent et d'airain, et qui se travaillait si merveilleusement qu'une grande aiguière et son bassin pesaient à peine une livre... Sardanapale!! compère! il faudra qu'un jour je fasse une descente à Messine. On dit que le vice-roi possède plusieurs statuettes antiques de ce précieux métal. Mais prenez de ce boudin de perdrix épicé de cumin, je l'ai fait servir sur son gril d'argent encore brûlant. Préférez-vous de ces simulacres d'œufs de paon. Vous y trouverez, au lieu de jaune, un becfigue bien gras, bien doré, et, au lieu de blanc, une sauce épaisse à la crème cuite.

— Ce beau vocabulaire de goinfrerie doit vous mériter l'estime de votre cuisinier. Vous me paraissez faits tous deux pour vous comprendre — dit Pog en mangeant avec une dédaigneuse indifférence les mets délicats que son hôte lui servait.

— Mon cuisinier — reprit Trymalcion — me comprend assez en effet, quoique parfois il lui prenne des découragements : il regrette la France... d'où je l'ai enlevé par surprise. Pour le consoler, pendant longtemps j'ai tout tenté, l'argent, les égards, les soins... rien n'y faisait ; j'ai fini par où j'aurais dû commencer, par une forte bastonnade, et je m'en trouve fort bien, et lui aussi, je suppose, car vous voyez qu'il fait merveille...... A boire, *Orangine* — dit Trymalcion à la mulâtresse qui lui versa un glorieux verre de vin de Bordeaux... — Qu'est-ce que ce vin-là, Pâture-à-corbeaux ? — demanda-t-il au nain en mettant son verre à la hauteur de ses yeux pour juger sa couleur.

— Seigneur, c'est de la prise du mois de juin, ce brigantin bordelais qui s'en allait à Gênes.

— Hum... hum... — fit Trymalcion en dégustant — il est bon, très bon ce vin-là ; mais voilà le désagrément de se fournir aux sources où nous nous fournissons, compère Pog, on n'a jamais les mêmes qualités ; si l'on s'habitue à une espèce de vin plutôt qu'à une autre, on trouve de cruels mécomptes... Ah ! tout n'est pas roses dans le métier. Mais vous ne buvez pas ? emplis le verre du seigneur Pog, *Peau-de-cygne* — dit Trymalcion à la blanche Circassienne, en lui montrant du doigt la coupe de son hôte.

— Celui-ci pour tout refus posa son index sur son verre.

— Au moins buvons au succès de notre descente à la Ciotat, compère ?

Pog répondit à cette nouvelle provocation par un mouvement de dédaigneuse impatience.

— A votre aise, compère — dit Trymalcion sans paraître le moins du monde choqué du refus et de l'air hautain de son hôte — aussi bien, je ne me fie pas à vos invocations ; le diable connaît votre voix, et il croit toujours que vous l'appelez... Vous avez tort de dédaigner ce jambom... de Westphalie, je crois, n'est-il pas vrai, drôle ?

— Oui, seigneur — dit le nain. — Il vient de cette flûte hollandaise arrêtée au débouquement de la Sardaigne. Ils étaient destinés au vice-roi de Naples.

A ce moment les fanfares des musiciens cessèrent, une rumeur d'abord assez faible grandit peu à peu et devint bientôt presque menaçante.

On entendait tour à tour le bruit des chaînes qui se choquaient et les murmures violents des esclaves ; enfin, dominant le tumulte, la voix des spahis et le claquement du fouet du patron.

Trymalcion semblait si parfaitement accoutumé à ces cris et à cette agitation, qu'il continua de boire un verre de vin qu'il portait à ses lèvres; il dit seulement en posant son verre sur la table :

— Voilà des chiens qui voudraient mordre, heureusement leurs chaînes sont bonnes! Pâture-à-corbeaux, va donc voir pourquoi les musiciens se taisent! Les drôles, je leur fais donner vingt coups de nerfs de bœuf, s'ils s'arrêtent encore, au lieu de souffler dans leurs trompettes. Je suis trop bon... j'aime trop les arts... Au lieu de vendre ces fainéants à Alger, je les ai conservés pour me faire de la musique, et voilà comme ils se conduisent! Ah! s'ils n'étaient pas trop faibles pour la chiourme! ils sauraient ce que c'est que de manier la rame.

— Ils seraient certainement trop faibles, seigneur — dit le nègre — les comédiens que vous avez pris avec eux sur cette galère de Barcelone sont encore chez Jousouff qui vous les a achetés. Il ne trouve pas deux pièces d'or par tête de ce bétail soufflant et chantant.

Pog-Reis semblait pensif et ne pas entendre ce qui se passait autour de lui, quoique les murmures augmentassent avec assez de violence pour que Trymalcion dit au nain :

— Avant de sortir, mets ici près de moi sur le divan ces pistolets et une masse d'armes; bien ! Maintenant va voir ce que c'est ; si c'est grave, que Mello vienne me prévenir ; avertis en même temps ces souffleurs de trompette que je leur ferai avaler leurs clairons et leurs buccins, s'il s'arrêtent un moment.

— Seigneur, ils disent qu'ils manquent de souffle pour jouer deux heures de suite !

Ah ! ils manquent de souffle ! Eh bien ! disleur que, s'ils me donnent encore cette raison-là, je leur ferai ouvrir le ventre, et, au moyen du soufflet de forge de l'armurier, on les mettra à même de ne pas manquer d'haleine.

A cette sauvage et cruelle plaisanterie, *Orangine* et *Peau-de-cygne* se regardèrent interdites.

— Tu leur diras enfin — ajouta Trymalcion — que comme ils ne valent pas une pièce d'or chez le marchand d'esclaves, et qu'ils me coûtent en nourriture plus qu'ils ne valent, je ne regarderai pas à me passer sur eux mes fantaisies.

Le nègre sortit.

— Ce que j'aime en toi — dit lentement Pog, comme s'il fût sorti de sa rêverie — c'est que tu es étranger à tout sentiment, je ne dirai pas honnête, mais humain.

— Et à propos de quoi ! diable ! me dites-vous çà, compère Pog... Vous voyez que tout inhumain que je suis... je n'oublie pas qui vous êtes, et qui je suis ; vous me dites *tu*, je réponds *vous*.

Deux coups de feu retentirent.

— Diable ! voilà Mello qui dit aussi *tue* — ajouta Trymalcion souriant de cet odieux jeu de mots. Il tourna la tête du côté de la porte avec un imperturbable sang-froid.

Les deux femmes esclaves tombèrent à genoux avec les signes de la plus violente terreur.

Tout-à-coup les fanfares éclatèrent avec une vigueur qui nuisait peut-être à l'ensemble et à la justesse des accords, mais qui prouvait au moins que les menaces du nain avaient fait leur effet, et que les malheureux musiciens croyaient Trymalcion capable de les torturer.

Après les deux coups de feu, il y eut comme un cri ou plutôt comme un rugissement terrible poussé par tous les esclaves à la fois.

A ce tumulte succéda le plus profond silence.

— Il paraît que cela n'était rien — dit le capitaine de la *Sybarite* en s'adressant à Pog qui était retombé dans sa rêverie.

Mais, dites-moi donc, compère — reprit-il — en quoi vous trouvez que je n'ai rien d'humain ? J'aime les arts, les lettres, le luxe ; je jouis mieux que pas un, des cinq sens dont je suis pourvu. Je pille avec discernement, ne prenant que ce qui me convient. Je me bats avec scrupule, j'aime mieux m'attaquer à un plus faible qu'à un plus fort que moi, mon commerce consistant à prendre à ceux qui ont, avec le moins de chance de perte possible ; oui encore une fois, compère, où diable voyez-vous de l'inhumanité là-dedans.

Tiens, tu me fais honte et pitié. Tu n'as pas même l'énergie du mal. Il y a toujours en toi du cuistre de collège.

— Fi... fi! mon cher compère, ne parlez pas du collége, de ce triste temps de maigre chère et de privations sans nombre; je serais à cette heure sec comme un mât de galère, si j'étais resté à cracher du latin, tandis que maintenant — dit l'effronté coquin en frappant sur son ventre — j'ai une encolure de prébendier... et tout cela grâce à qui? A Yacoüb-Reis qui, il y a vingt ans, me fit esclave, comme j'allais par mer à Civita-Vecchia pour tenter une fortune cléricale dans la ville des tonsurés. Yacoüb-Reis me trouva de l'esprit, de l'activité, du courage; j'étais jeune, il m'apprit son métier, je reniai, je pris le turban, enfin de fil en aiguille, de pillage en meurtre, je suis arrivé à commander la *Sybarite*; le commerce va bien! je m'expose dans les cas extrêmes, et, quand il le faut, je me bats comme un autre; seulement je tiens à ma peau, c'est vrai, car je compte avant peu me retirer du métier et aller me reposer des fatigues de la guerre dans ma retraite de Tripoli avec mesdames Trymalcion. Tout cela n'est-il pas très-humain, encore une fois?

Ces paroles parurent faire peu d'impression

sur le convive silencieux du capitaine de la *Sybarite*; il se contenta de dire en haussant les épaules :

— Au sanglier sa bauge.

— Sardanapale ! à propos de sanglier, combien j'envie ceux qui figuraient dans les festins épiques de Trymalcion mon patron ! — s'écria le grossier personnage sans paraître s'offenser du dédain de son hôte — voilà de dignes sangliers, qu'on servait entiers, coiffés d'un bonnet d'affranchi, et intérieurement farcis de boudins et de saucisses qui simulaient les entrailles, ou bien renfermant des grives ailées qui s'envolaient au plafond. Voilà de ces somptuosités que je réaliserai un jour ou l'autre, Sardanapale !!! Je ne travaille depuis vingt ans que pour donner un jour une fête digne de l'antiquité romaine !! Faire du Pétrone ou du Juvénal en actions, voilà mon rêve.

Le nain ouvrit la porte.

Le pirate songea seulement alors au tumulte qui avait si brusquement cessé.

— Eh bien ! drôle et ce bruit ? Pourquoi Mello n'est-il pas venu ? Cela n'était donc rien ?

— Non, seigneur. Un esclave chrétien s'est querellé avec un esclave albanais.

— Après ?

— L'Albanais a donné un coup de poignard au chrétien.

— Après ?

— Les chrétiens ont crié mort à l'Albanais, mais le chrétien blessé a riposté et a presque assommé l'Albanais.

— Après ?

— Alors les Albanais et les Maures ont à leur tour rugi contre les chrétiens.

— Après ?

— Pour empêcher la chiourme de se massacrer dans les bancs et pour satisfaire tout le monde, le patron Mello a brûlé la cervelle au chrétien blessé et à l'Albanais blessé.

— Après ?

— Seigneur, voyant cela, tout le monde s'est tenu tranquille.

— Et les musiciens ?

— Seigneur, je leur ai parlé du soufflet de forge de l'armurier ; avant que j'aie pu terminer ma phrase, ils soufflaient si fort dans leurs buccins et dans leurs clairons que j'ai manqué de devenir sourd. J'oubliais aussi, seigneur, que Mello a signalé le caïque du seigneur Érèbe qui s'avance vers la galère.

Pog tressaillit.

Trymalcion s'écria : — Vite, *Peau-de-Cygne*, *Orangine*, un couvert pour le plus beau garçon qui ait jamais capturé de pauvres bâtiments marchands.

CHAPITRE XXV.

POG ET ÉRÈBE.

Avant de continuer ce récit, quelques éclaircissements sont nécessaires à l'endroit d'Érèbe et du seigneur Pog, l'homme silencieux et sarcastique.

En 1612 environ, vingt ans avant l'époque dont nous nous occupons, un Français, jeune encore, arriva à Tripoli avec un seul serviteur.

Le capitaine du bâtiment sarde qui l'avait amené remarqua dans plusieurs occasions que son passager était fort expert dans les choses de la navigation ; il conclut que son passager était un officier des vaisseaux ou des galères du roi ; il ne se trompait pas.

Le seigneur Pog (nous continuerons de lui donner ce nom emprunté) était un excellent marin, ainsi qu'on le verra bientôt.

Lors de son arrivée à Tripoli, Pog, après avoir, selon la coutume de Barbarie, acheté la protection du bey *Hassan*, loua une maison aux environs de la ville, non loin de la mer. Il y vécut pendant une année avec son valet dans une solitude profonde.

Quelques négociants français, établis à Tripoli, s'épuisèrent en vaines conjectures sur le singulier goût de leur compatriote qui venait seulement, pensaient-ils, par caprice habiter une côte sauvage et déserte.

Les uns attribuèrent cette bizarrerie à un chagrin violent, désespéré; d'autres virent, sinon de la folie, du moins de la monomanie dans cette étrange résolution.

Ces dernières suppositions ne manquaient pas de fondement.

A certaines époques de l'année, Pog entrait, disait-on, dans de tels accès de désespoir et de rage, que les pâtres attardés entendirent quelquefois en passant, la nuit, devant sa maison solitaire, des cris furieux, frénétiques.

Trois ou quatre années se passèrent ainsi.

Pour toute distraction, Pog faisait de longues promenades en mer sur un petit bâtiment très fin voilier qu'il manœuvrait lui-même avec une adresse rare; deux jeunes esclaves maures lui servaient d'équipage.

Un jour, l'un des plus fameux et des plus féroces corsaires de Tripoli, nommé Kemal-Reis, faillit périr avec sa galère en échouant sur la côte à peu de distance de la maison de Pog.

Celui-ci revenait de l'une de ses promenades sur mer; reconnaissant la galère de Kemal-Reis, il fit voile vers elle, et lui donna les secours les plus efficaces.

Un des esclaves de Pog rapporta plus tard qu'il lui avait entendu dire : — Les hommes seraient trop heureux si l'on détruisait les loups et les tigres.

Le sauvetage de Kemal-Reis, redouté par ses cruautés, fut une conséquence de la farouche misantropie de Pog. Au lieu de céder à un mouvement de générosité naturelle, il voulut conserver à l'humanité l'un de ses plus terribles fléaux.

Peu de temps après cet événement, Kemal-Reis visita quelquefois la maison isolée du Français; une sorte d'intimité s'établit peu à peu entre le pirate et le misantrope.

Un jour les curieux de Tripoli apprirent avec surprise que Pog s'était embarqué à bord de la galère de Kemal-Reis.

On supposait le Français très riche, on crut qu'il avait nolisé le bâtiment tripolitain pour faire un voyage d'agrément sur la côte de Barbarie, d'Égypte ou de Syrie.

Au grand étonnement du public, Kemal-Reis revint un mois après son départ avec sa galère remplie d'esclaves français, enlevés sur les côtes de Languedoc et de Provence.

Le bruit courut à Tripoli que le favorable résultat de cette audacieuse entreprise avait été dû aux renseignements et aux avis donnés par Pog, qui devait mieux que pas un connaître les atterrissements du littoral français.

Ce bruit acquit bientôt tant de vraisemblance que notre consul à Tripoli crut devoir informer contre Pog et instruire les ministres de Louis XIV de ce qui s'était passé.

Il est bon de dire, une fois pour toutes,

qu'en 1610, comme en 1650, comme en 1700, l'enlèvement d'habitants de nos côtes par les pirates des régences barbaresques ne fut presque jamais considéré comme un motif de déclaration de guerre à ces puissances; nos consuls assistaient au débarquement des captifs et servaient généralement d'intermédiaires pour leur rachat.

Si quelques poursuites furent dirigées contre Pog, c'est qu'il avait pris part comme Français à une attaque à main armée contre le territoire.

L'information du consul fut vaine au grand scandale de nos compatriotes et des Européens établis à Tripoli. Pog fit une adjuration solennelle, renia la croix, prit le turban et ne put être inquiété.

Kemal-Reis avait partout proclamé que le nouveau renégat était un des meilleurs capitaines qu'il eût connus, et que la régence barbaresque ne pouvait faire une acquisition plus utile.

De ce moment, Pog-Reis équipa une galère et dirigea sa course, seulement contre les bâtiments français et surtout contre les galères de Malte, commandés par des chevaliers de notre nation.

Plusieurs fois il ravagea impunément les côtes du Languedoc et de Provence. Il faut dire que cette fureur de pillage et de destruction ne s'emparait de Pog, pour ainsi dire, que par accès.

Sa rage semblait atteindre son paroxisme vers la fin du mois de décembre.

Pendant ce mois il se montrait sans pitié, et on racontait en frémissant que plusieurs fois il avait fait égorger un grand nombre de captifs, épouvantable et sanglant holocauste qu'il offrait sans doute à quelque terrible anniversaire.

Ce mois passé, son esprit obscurci par une folie sanguinaire redevenait plus calme.

Rentrant à Tripoli, s'enfermant dans sa solitude, il restait quelquefois un ou deux mois sans reprendre la mer.

Puis, d'effroyables ressentiments se soulevant de nouveau dans cette âme désespérée, il remontait sa galère et recommençait le cours de ses férocités.

Parmi les captifs français qu'il avait faits

lors de sa première expédition avec Kemal-Reis, et qu'il abandonna généreusement à ce corsaire (à la seule condition de ne leur jamais rendre la liberté), parmi ces captifs, disons-nous, il en avait gardé un, c'était un enfant de quatre à cinq ans, enlevé sur la côte de Languedoc, avec une vieille femme qui mourut pendant la traversée.

Cet enfant d'une beauté accomplie était Érèbe.

Pog le nomma ainsi, comme s'il eût voulu par ce nom fatal prédestiner ce malheureux au rôle que lui réservaient ses ténébreux desseins.

Dans l'exaspération de sa haine contre l'humanité, Pog eut l'infernale fantaisie de perdre l'âme de cet infortuné, en lui donnant la plus funeste éducation. Il se mit à l'œuvre avec une détestable persévérance. A mesure qu'Érèbe avançait en âge, Pog, sans pouvoir se rendre compte de l'étrangeté de ces contrastes, ressentait tour à tour pour cet enfant, tantôt une aversion furieuse, tantôt des mouvements de sollicitude involontaire, les seuls bons sentiments qu'il eût éprouvés depuis bien des années. Peu à peu ces rares accès de sympathie diminuèrent; Pog enveloppa bientôt Érèbe dans la commune exécration dont il poursuivait les hommes, et resta fidèle à sa fatale résolution. Loin de laisser inculte l'esprit d'Érèbe, il s'était au contraire appliqué à développer son intelligence. Parmi les nombreux esclaves que la course renouvelait sans cesse, Pog-Reis trouva facilement des professeurs de toutes sortes; il achetait à d'autres corsaires ou se procurait par d'autres moyens ceux qui lui manquaient.

Ainsi, ayant su qu'il existait à Barcelonne un célèbre peintre espagnol, nommé Juan Peliéko, il usa de stratagème pour l'attirer hors de la ville, le fit enlever et conduire à Tripoli. Lorsque cet artiste eut perfectionné Érèbe dans son art. Pog le fit mettre à la chaîne où il mourut.

Pog, dans son impie et cruelle expérimentation, voulant faire parcourir à sa victime tous les degrés de l'échelle du mal, depuis le vice jusqu'au crime, s'était donc plu à donner à ce malheureux enfant des connaissances nombreuses.

Pog croyait qu'avec une intelligence vulgaire on restait un scélérat vulgaire ; Pog croyait qu'une fois dans une voie perverse on la parcourait avec d'autant plus d'audace et de méchanceté, que les ressources de l'esprit étaient plus nombreuses.

Dans son abominable système, les arts, au lieu d'élever l'âme d'Érèbe, devaient la matérialiser en développant outre mesure le besoin de jouissances sensuelles.

Quand les prodiges de la peinture ou de la musique n'emportent pas l'âme dans les plaines infinies de l'idéal ; quand on n'y cherche qu'une mélodie plus ou moins harmonieuse à l'oreille, qu'une forme plus ou moins séduisante pour les yeux, les arts dépravent l'homme au lieu de le grandir.

Certes, il fallait que Pog eût une bien terrible vengeance à tirer de l'humanité, il fallait même que sa misanthropie participât de la folie, pour qu'il eût la cruauté sacrilége de dénaturer, de dégrader une âme jeune et candide !

Aucun scrupule ne le retint... Autant un père met de tendre circonspection à écarter de l'esprit de son fils les pensées dangereuses, autant il encourage ses instincts généreux, autant il combat ceux qui sont bas et funestes, autant Pog mettait d'épouvantable persistance à fausser, à pervertir ce malheureux enfant, à exalter ses mauvaises pensées.

Il en est de certaines organisations morales comme de certaines organisations physiques : on peut les affaiblir, les étioler, mais on parvient difficilement à les ruiner complètement, tant leur germe vital est sain et vigoureux.

Il en fut ainsi d'Érèbe. Par un hasard providentiel, les funestes enseignements de Pog n'avaient encore, pour ainsi dire, rien altéré d'essentiellement organique dans le cœur de ce malheureux enfant.

Le singulier instinct de contrariété particulier à la jeunesse le garantit de beaucoup de dangers. La facilité avec laquelle il aurait pu, à peine adolescent, se livrer à tous les excès, les odieux encouragements qu'on osait même lui donner, suffirent presque à le préserver de précoces désordres.

En un mot, l'élévation naturelle de ses sentiments lui faisait impatiemment recherche les émotions nobles, pures, douces, dont on voulait l'éloigner.

Malheureusement la fatale influence de Pog n'avait pas été absolument vaine.

Le caractère ardent d'Érèbe en conserva une fatale empreinte.

S'il avait par moments des élans passionnés vers le bien, s'il luttait souvent contre les détestables conseils de son tuteur, l'habitude de la vie guerrière et aventureuse qu'il menait depuis l'âge de douze à treize ans, l'impétuosité de son caractère, la fougue de ses passions, l'entraînaient souvent dans de fâcheux excès.

Dès sa plus tendre jeunesse, Pog l'avait emmené avec lui dans ses courses, et le courage, la témérité naturelle d'Érèbe s'étaient vaillamment révélés dans plusieurs combats.

Instruit par l'expérience et par la pratique, il avait aussi appris avec une grande facilité le métier de marin; le but constant de Pog avait été d'inculquer à Érèbe une haine profonde et incurable contre les chevaliers de Malte; il les lui avait toujours montrés comme les meurtriers de sa famille, à lui Érèbe, lui promettant de lui dévoiler un jour ce sanglant mystère.

Rien n'était plus faux. Pog n'avait aucune notion sur les parents de cet orphelin ; mais il voulait pour ainsi dire perpétuer en lui la haine invétérée qu'il portait aux chevaliers de la religion.

Érèbe combla ses vœux ; un ardent désir de vengeance se développa dans sa jeune âme contre les soldats du Christ qu'il croyait les meurtriers de sa famille.

Sous d'autres rapports, Érèbe donnait moins de satisfaction à Pog. La férocité à froid le révoltait, il se sentait quelquefois douloureusement ému à la vue des souffrances humaines.

Pog avait remarqué que l'ironie était une arme puissante et infaillible pour combattre l'élévation naturelle du caractère d'Érèbe.

En le comparant à un clerc, à un chrétien tonsuré, en l'accusant surtout de faiblesse et de lâcheté, il poussait souvent le malheureux enfant à des actes coupables.

La scène des roches d'Ollioules, où Érèbe vit Reine pour la première fois, est une preuve frappante de cette lutte constante entre ses bons penchants naturels et les mauvaises passions que lui inspirait Pog.

Le premier mouvement d'Érèbe avait été de courir au secours de Raymond V, et de répondre avec une vénération presque filiale à l'élan de gratitude de ce vieillard, de se croire enfin payé de sa généreuse conduite par la satisfaction de sa conscience, par le regard reconnaissant de la jeune fille...

Une amère raillerie de Pog, une grossière plaisanterie de Trymalcion, changèrent ces nobles émotions en une velléité sensuelle, en un dédain profond pour la courageuse action dont il venait de s'honorer.

Malgré les plaisanteries cyniques des deux pirates, l'image enchanteresse de Reine fit une profonde impression sur Érèbe.

Il n'avait jamais aimé, son cœur n'avait jamais pris part aux grossiers plaisirs qu'il avait cherchés parmi les esclaves que le hasard de la guerre jetait entre ses mains.

Pog et Trymalcion ne furent pas longtemps sans s'apercevoir d'un certain changement dans le caractère d'Érèbe.

Quelques paroles indiscrètes apprirent à

Pog combien ce premier amour prenait d'influence sur ce jeune homme ; le pirate craignit les suites de cette passion ; en élevant le cœur d'Érèbe, l'amour pouvait le faire rougir de l'abominable vie qu'il menait, et réveiller en lui de généreuses passions. Pog résolut donc de tuer cet amour par la possession, et proposa à Érèbe d'enlever Reine de vive force.

Il rencontra chez le jeune pirate une vive résistance. Érèbe trouvait ce rapt odieux, il voulait être aimé ou se faire aimer.

Pog proposa un moyen terme ; il flatta outre mesure l'amour-propre d'Érèbe, il lui prouva qu'il devait avoir fait une profonde impression sur le cœur de la jeune fille, mais qu'il fallait par des moyens mystérieux entretenir, exalter le souvenir qu'elle garderait nécessairement du sauveur de son père. Puis, quand Érèbe aurait la certitude d'être aimé, il paraîtrait, offrirait à la jeune fille de l'enlever, et se retirerait si elle n'acceptait pas ses offres.

Ce plan, que Pog se proposait de modifier à l'endroit du dénoûment, satisfit Érèbe. Nous avons vu qu'il fut en partie exécuté à la Maison-Forte.

Un Maure qui avait accompagné sur mer le jeune pirate depuis son enfance, et qui lui était très attaché, dut s'introduire mystérieusement dans le château des Anbiez.

Cet homme était le bohémien qu'on a vu à la Maison Forte ; il accompagnait Érèbe lors de l'audacieux voyage des trois pirates en Provence. Lorsque ceux-ci eurent regagné le port de Cette, où ils avaient laissé leur chebek, ils s'embarquèrent et rejoignirent leurs galères mouillées aux îles Majorques, alors ouvertes à tous les pirates de la Méditerranée.

Là, Érèbe, Pog, Trymalcion et Hadji (tel était le nom du bohémien) concertèrent leurs plans.

Le jour même de l'aventure des gorges d'Ollioules, Hadji avait dépeint à ses hôtes de Marseille le vieux gentilhomme et la jeune fille qu'Érèbe venait de sauver ; chacun lui avait nommé Raymond V et sa fille, car le baron des Anbiez était bien connu en Provence.

Durant son séjour à Majorque, Érèbe qui,

pendant ses loisirs, s'était perfectionné dans l'art de la peinture, fit de souvenir la miniature dont nous avons parlé ; un orfèvre habile avait émaillé la petite colombe sur quelques objets destinés à Reine. Enfin, Érèbe ajouta un portrait de lui, qui fut placé dans le médaillon ornant la guzla du bohémien.

Les préparatifs terminés, le Maure partit, emportant, comme moyen de correspondance avec les pirates, deux pigeons élevés à bord du chebek d'Érèbe, et habitués à chercher et à reconnaître ce bâtiment, qu'ils regagnaient à tire d'aile dès qu'ils l'apercevaient à une distance que l'œil de l'homme ne pouvait atteindre.

Au bout de quinze jours, les deux galères et le chebek devaient aller croiser et louvoyer en vue des côtes de Provence.

On l'a dit, le mois de décembre était le mois sombre de Pog, le mois où ses cruels instincts s'exaspéraient jusqu'à une monomanie féroce.

Il n'avait osé se présenter sous un faux nom à M. le maréchal de Vitry que pour examiner à loisir l'état de la côte et des fortifications de Marseille, ayant l'audacieux dessein de surprendre cette ville, de la ravager et d'incendier son port. Il comptait sur ses intelligences avec quelques Maures établis dans Marseille pour se rendre maître de la chaîne du port.

Quoiqu'elle paraisse presque insensée, cette attaque ou plutôt cette surprise, pouvait réussir : Pog n'en désespérait pas. Si les intelligences qu'il s'était ménagées manquaient à son signal, s'il se voyait obligé de renoncer à cette entreprise, il était sûr au moins de pouvoir désoler une côte sans défense ; et la petite ville de la Ciotat, à cause de son voisinage de la Maison-Forte, devait, en ce cas, subir le sort de Marseille.

Pendant le tumulte de la bataille, Reine des Anbiez serait facilement enlevée.

On a vu que les manœuvres du bohémien réussirent.

Longtemps caché au milieu des rochers qui avoisinaient la Maison-Forte, il avait plusieurs fois vu Reine au balcon de la fenêtre de son oratoire, et avait remarqué que cette fenêtre restait souvent ouverte. Grâce à son agilité, le bohémien s'y était introduit deux fois le soir ; la première, avec le verre de cristal renfermant une amaryllis de Perse, plante bulbeuse, qui fleurit en très peu de jours; la seconde fois, avec la miniature.

Certain d'avoir assez bien établi ces mystérieux antécédents, destinés à irriter la curiosité de Reine et à la forcer de s'occuper d'Érèbe, Hadji, croyant pouvoir se présenter à la Maison-Forte, sans éveiller les soupçons, s'était rendu chez Raymond V, et avait rencontré, sur sa route, le greffier Isnard et sa troupe.

Quinze jours après son arrivée à la Maison-Forte, le chebek, au coucher du soleil, devait venir croiser au large. Hadji lui envoyait alors un des pigeons porteur d'une lettre, qui apprenait à Érèbe s'il était aimé, et à Pog s'il pouvait tenter un débarquement dans le cas où il aurait renoncé à surprendre Marseille.

L'aigle du guetteur empêcha cette correspondance, en dévorant le messager. Malheureusement Hadji avait un double émissaire. Le lendemain, au coucher du soleil, le chebek parut encore, et une lettre portée par le second pigeon, annonça à Érèbe qu'il était aimé, et à Pog que le moment le plus favorable pour une descente à la Ciotat était le jour de Noël, époque à laquelle tous les Provençaux sont occupés des fêtes de famille.

La tempête commença de souffler le soir même du jour où Érèbe reçut cet avis; il rejoignit les deux galères qui croisaient du côté d'Hières; le temps devenant de plus en plus mauvais, les trois bâtiments relâchèrent dans le port Mage, à Port-Cros.

Ils y étaient mouillés depuis la veille, ainsi que nous l'avons dit, attendant avec impatience que le vent changeât, car les fêtes de la Noël avaient lieu le surlendemain. Avant de rien tenter sur la Ciotat, Pog voulait s'assurer que son entreprise sur Marseille n'était pas possible.

Maintenant que nous connaissons les liens funestes qui attachaient Érèbe à Pog, nous suivrons le jeune aventurier sur la galère de Trymalcion, à bord de laquelle il se rendait, ainsi que nous l'avons dit dans le chapitre précédent.

Érèbe monta lestement à bord de la *Sybarite* et entra dans le gavon où le dîner était servi.

CHAPITRE XXVI.

CONVERSATION.

Il portait un simple costume de marin qui faisait encore valoir sa grâce et sa beauté.

— Voilà notre amoureux transi, notre modeste soupirant—dit Trymalcion en le voyant.

Pour toute réponse, le jeune marin, sensible à cette plaisanterie, jeta son caban brodé de soie de couleur au nain nègre, donna un baiser à *Peau-de-cygne,* caressa le menton d'*Orangine,* et, prenant sur la table une coupe d'argent, il la tendit à Trymalcion, en s'écriant :

— A la santé de Reine des Anbiez, la future favorite de mon harem !

—Pog jeta un coup-d'œil perçant sur Érèbe, et dit de sa voix lente et creuse :

— Ces paroles viennent des lèvres, son cœur démentira ce langage.

— Vous vous trompez, maître Pog; débarquez seulement vos démons sur la grève de la Ciotat, vous verrez si l'éclat des flammes qui grilleront les Français dans leur tanière m'empêchera de suivre Hadji au château de ce vieux Provençal.

— Et une fois dans ce château, que feras-tu, mon garçon. — dit Trymalcion d'un air moqueur — tu demanderas à la belle infante, si elle n'a pas un écheveau de soie à dévider, ou si elle veut te permettre de tenir son miroir pendant qu'elle se peignera?

— Sois tranquille, Outre-Pleine, j'emploierai bien mon temps, je lui chanterai la chanson de l'Émir, chanson digne de Béni-Amer, que ce renard d'Hadji lui a fait si bien écouter.

— Et si le vieux Provençal trouve ta voix déplaisante, il te donnera les étrivières, comme à un enfant mal appris, mon garçon, — dit Trymalcion.

— Je répondrai au vieux gentilhomme en

emportant sa fille dans mes bras, et en lui chantant ces vers d'Hadji :

Jusqu'à seize ans, la fille appartient à son père.

A seize ans, elle appartient à l'amant.

— Et si le bonhomme insiste, tu lui diras ton dernier mot avec ton kangiar pour finir la conversation?

— Cela est de rigueur, Vide-Coupe; qui enlève la fille, tue le père—ajouta Érèbe avec un sourire ironique.

Trymalcion hocha la tête et dit à Pog qui semblait de plus en plus absorbé dans ses sombres pensées :

— Le jeune paon se moque de nous, il raille, il fera quelque bergerade avec cette fille.

— L'espion français est-il revenu des îles? demanda Pog à Érèbe.

— Pas encore, maître Pog — répondit le jeune marin; — il est parti avec son bâton et sa besace, déguisé en mendiant; avant une heure, sans doute, il sera ici. En vain je l'ai attendu; voyant qu'il n'arrivait pas, je suis venu dans ma caïque; le canot qui l'a débarqué sur le rivage le ramènera ici. Mais attaquerons-nous la Ciotat ou Marseille, maître Pog?

— Marseille.... à moins que le rapport de l'espion ne me fasse changer d'avis—dit Pog.

— Et en revenant ne nous arrêterons-nous pas un moment à la Ciotat?—demanda Érèbe.

— Hadji nous attend.

— Et ta belle aussi, mon garçon. Ah!.. ah! tu es plus impatient de voir ses beaux yeux que la gueule béante des canons du château — dit Trymalcion — et tu as raison. Je ne te fais pas un reproche.

— Par les croix de Malte que j'abhorre — s'écria Érèbe avec impatience — j'aimerais plutôt ne voir jamais cette jolie fille dans la cabine de mon chebek que ne pas jeter aussi mon cri de guerre à l'attaque de Marseille... Maître Pog sait que dans tous nos combats contre les Français ou contre les galères de la religion, mon bras, quoique jeune, a porté de rudes coups.

— Sois tranquille... que nous attaquions ou non Marseille, tu pourras approcher de la Ciotat avec ton chebek et enlever ton infante;

je ne te laisserai pas perdre cette nouvelle occasion de damner ton âme, mon doux enfant — dit Pog avec un rire sinistre.

— Mon âme ? Vous m'avez dit qu'il n'y avait pas d'âme... maître Pog — reprit le malheureux Érèbe avec une insouciance railleuse.

— Tu ne vois pas, mon garçon, que maître Pog plaisante — dit Trymalcion — quant à l'âme s'entend, car pour ta belle !... Sardanapale ! nous l'enlèverons ; les peines d'Hadji et tes galanteries mystérieuses ne seront pas perdues, quoiqu'à mon avis tu aies eu tort, pour plaire à cette Omphale, de te faire aussi romanesque qu'un ancien Maure de Grenade.. Encore quelques enlèvements, mon doux enfant et tu sentiras qu'il vaut mieux dompter violemment la résistance d'une pouliche sauvage que de la vaincre à force de douceur et de soins... Mais à ton jeune palais il faut encore du miel et du lait.... Plus tard, tu en viendras aux épices.

— Vous me flattez, Trymalcion, en me comparant à un Maure de Grenade—dit Érèbe avec amertume — ils étaient nobles et chevaleresques, et non de vrais bandits comme nous.

— Des bandits? L'entendez-vous, maître Pog? Cela est encore à moitié dans sa coquille et ça vient parler des bandits? Et qui diable t'a dit que nous étions des bandits? Voilà comme on abuse la jeunesse, comme on la trompe, comme on la corrompt. Mais parlez-lui donc, maître Pog?... Des bandits! A boire, *Peau-de-cygne*, pour avaler ce mot! Tudieu, des bandits!

Érèbe semblait assez peu touché de la grotesque colère de Trymalcion.

Maître Pog leva lentement la tête — et lui dit avec une ironie amère :

— Bien... bien... mon doux enfant... tu as raison de rougir de notre métier; à mon retour à Tripoli, je t'achèterai une boutique près la porte du port : c'est le meilleur quartier marchand; là, tu vendras en paix du maroquin blanc, des tapis de Smyrne, des soiries de Perse et des plumes d'autruche. C'est un tranquille et honnête métier, mon doux enfant, tu pourras y amasser quelque bien et aller ensuite t'établir à Malte dans le quartier des juifs; là tu prêteras ton argent au denier cinquante aux chevaliers endettés. Ainsi, tu te vengeras de ceux qui ont égorgé ton père et ta mère, en empochant leur argent. C'est plus lucratif, et moins dangereux que de te payer avec leur sang.

— Maître!!! — s'écria Érèbe — les joues pourpres d'indignation.

— Le seigneur Pog a raison — reprit Trymalcion — mieux vaut être le vampire qui suce impunément le sang de sa proie endormie que le hardi faucon qui l'attaque au soleil.

— Trymalcion, prends garde — s'écria le jeune homme irrité.

Et qui sait — reprit Pog — si le hasard ne fera pas tomber sous ta main usuraire le chevalier qui a massacré ta vieille mère, ton noble père!

— Et reconnaissez la main vengeresse de la Providence — s'écria Trymalcion — l'orphelin devient le créancier de l'assassin.... sang et massacre!!! mort et agonie!!! Ce fils vengeur assouvit enfin sa rage... en faisant endosser la robe jaune des débiteurs insolvables au meurtrier des siens!

A ce dernier sarcasme, la colère d'Érèbe

l'égara tellement qu'il saisit Trymalcion à la gorge, et leva sur lui un couteau de table.

Sans le poignet de fer de Pog qui lui tint la main serrée comme dans un étau, le gros pirate était, sinon tué, du moins dangereusement blessé.

— Par Éblis et ses ailes noires, maître, prenez garde, si vous êtes jaloux du coup que j'allais porter à ce pourceau, c'est à vous que je m'adresserai — s'écria Érèbe, en voulant s'échapper des mains de Pog.

Peau-de-cygne et *Orangine* se sauvèrent en poussant des cris aigus.

— Voilà ce que c'est de gâter les enfants — dit Pog avec un sourire dédaigneux, en abandonnant enfin la main d'Érèbe.

— Et de les laisser jouer avec des couteaux — reprit Trymalcion — en ramassant le couteau qu'Érèbe avait laissé tomber dans la lutte.

Un regard de Pog l'avertit qu'il ne fallait pas pousser le jeune homme hors de toutes mesures.

— Auriez-vous donc des velléités de tuer celui qui vous a élevé, doux enfant — dit ironiquement Pog — voyons ; vous avez votre poignard à votre ceinture, frappez...

Érèbe le regarda d'un air sombre — et lui dit avec un ricanement farouche :

— C'est donc au nom de la reconnaissance que vous me demandez d'épargner votre vie ? Pourquoi m'avez-vous donc prêché l'oubli des bienfaits et le souvenir des injures ?

Malgré son impudence, Trymalcion regarda Pog d'un air interdit, ne sachant comment son compagnon répondrait à cette question.

Pog jeta sur Érèbe un regard de mépris écrasant, et lui dit — Je voulais t'éprouver en te parlant de reconnaissance. Oui, l'homme véritablement brave oublie les bienfaits et ne se souvient que des injures... je t'ai fait la plus sanglante injure, je t'ai dit que tu n'avais pas le cœur de venger la mort des tiens... tu aurais déjà dû me frapper... mais tu es lâche...

Érèbe tira rapidement son poignard, et le leva sur le pirate avant que Trymalcion ait pu faire un pas.

Pog calme, impassible, tendit sa poitrine, et ne sourcilla pas.

Deux fois Érèbe leva son arme, deux fois

son bras retomba, il ne pouvait se résoudre à frapper un homme sans défense.

Il baissa la tête d'un air accablé.

Pog se rassit, et dit à Érèbe d'une voix impérieuse et sévère :

— Enfant, ne cite donc plus des maximes dont tu comprends peut-être le sens.... mais que ton faible cœur ne peut pas mettre en pratique... Écoute-moi une fois pour toutes. Je te fais le champ libre... Je t'ai recueilli sans pitié... Je ressens pour toi, comme pour tous les hommes, autant de haine que de mépris... Je t'ai dressé au pillage et au meurtre, comme je me serais amusé à dresser un jeune loup au carnage, afin de pouvoir te lancer un jour sur mes ennemis. J'ai tué tous les chevaliers de Malte français qui sont tombés entre mes mains... parce que j'ai contre cet ordre une épouvantable vengeance à exercer... Je t'ai appris que ta famille avait été massacrée par eux dans l'espoir d'exciter ta rage et de la tourner contre ceux que j'exècre... Tu m'as déjà servi... dans un combat, tu as tué deux caravanistes de ta main.... je ne t'en sais aucun gré.... tu croyais venger ta mère et ton père.... Je tiens à toi comme on tient à un bon cheval de guerre; tant qu'il vous sert on l'éperonne et on le pousse à travers la mêlée; quand il faiblit on le vend... Ne te crois donc lié en rien envers moi... Tue-moi si tu peux... Si tu n'oses pas en face... agis en traître... tu réussiras peut-être.

En entendant ces effroyables paroles, Érèbe croyait rêver.

S'il ne s'était jamais abusé sur la tendresse de Pog, il croyait au moins que cet homme ressentait pour lui un faible intérêt, l'intérêt qu'inspire toujours un pauvre enfant abandonné à celui qui en a pris soin. Le farouche aveu de Pog ne lui laissait aucun doute. Ces détestables maximes étaient trop d'accord avec le reste de sa vie, pour que le malheureux jeune homme n'en reconnût pas l'effrayante réalité.

Ce qui se passa dans son cœur fut inexplicable. Il lui sembla tomber dans quelque sanglant et profond abîme. Les pensées qui l'accablèrent en foule tenaient du vertige.

Ses tendres et généreux instincts tressaillirent douloureusement, comme si une main de fer les eût arrachés de son cœur.

Après un premier moment d'abattement, la détestable influence de Pog reprit le dessus.

Érèbe voulut lutter de cynisme et de barbarie avec cet homme.

Il redressa son front pâle, un sourire ironique plissa ses lèvres.

— Tu m'as éclairé, maître Pog, jusqu'ici ma haine des soldats du Christ n'était pas entrée assez avant dans mon cœur; jusqu'ici je ne voulais leur mort que parce qu'ils avaient tué mon père et ma mère ; si je ne leur faisais pas merci, je les combattais épée contre épée, galère contre galère. Mais maintenant, maître, armés ou désarmés, jeunes hommes ou vieillards, loyalement ou honteusement, j'en tuerai tant que j'en pourrai tuer.... sais-tu pourquoi, maître ?.... sais-tu pourquoi ?...

— Sa tête s'égare, — dit tout bas Trymalcion.

— Non, il dit ce qu'il sent, — reprit Pog. — Eh bien! pourquoi cette belle haine, enfant? ajouta-t-il.

— Parce qu'en me rendant orphelin, ils

m'ont mis en ta puissance, et que tu m'as fait ce que je suis...

Il y eut dans l'expression des traits d'Érèbe quelque chose qui révélait une haine si implacable, que Trymalcion dit encore tout bas à Pog :

— Il y a du sang dans son regard.

Érèbe, quoique exaspéré par le mépris haineux de Pog, n'osa pas se venger ; il se sentait dominé par un sentiment de reconnaissance involontaire pour l'homme qui l'avait élevé ; le malheureux enfant sortit de la chambre d'un air désespéré.

— Il va se tuer ! s'écria Trymalcion.

Pog haussa les épaules.

Quelques moments après, au milieu du silence des deux convives, on entendit le bruit de rames qui frappaient l'eau.

— Il regagne son chebek, — dit Trymalcyon.

Sans lui répondre, Pog sortit de la chambre et alla vers la proue.

Il était tard.

Le vent semblait un peu calmé ; les forçats dormaient sur leurs bancs.

On n'entendait que les pas réguliers des spahis qui se promenaient sur le coursic et dans les couroirs.

Pog, appuyé sur les bandins de poupe, regardait la mer en silence.

Trymalcion, malgré sa corruption, malgré son cynisme et sa méchanceté, avait été ému de cette scène.

Jamais peut-être la cruelle monomanie de Pog ne s'était révélée dans un jour plus effrayant.

Trymalcion éprouvait un certain embarras à engager la conversation avec son silencieux compagnon Enfin, s'approchant de lui après quelques... hem!... hem!... et de nombreuses hésitations, il lui dit :

— Le temps paraît assez beau, ce soir, maître Pog.

— Votre remarque est pleine de sens, Trymalcion.

— Tenez, au fait, au diable la honte ! Je ne savais comment vous dire... que vous êtes un terrible homme, maître Pog; vous rendrez ce pauvre étourneau fou... quel diable de plaisir trouvez-vous à tourmenter ainsi ce jeune homme ? Un beau jour, il vous quittera.

— Si tu n'étais pas un homme incapable de me comprendre, Trymalcion... je te dirais que ce que j'éprouve pour ce malheureux est étrange, — dit Pog. — Oui, cela est étrange, — reprit Pog en se parlant à lui-même. Quelquefois, je sens en moi se soulever, contre Érèbe, des colères furieuses..... des ressentiments aussi implacables que s'il était mon ennemi le plus mortel. D'autres fois, c'est une indifférence de glace... D'autres fois... je me sens pour lui comme de la compassion..... je dirais de l'affection, si ce sentiment pouvait maintenant entrer dans mon âme.... Alors.... le son de sa voix... oui, surtout le son de sa voix.... son regard.... éveillent en moi.... des souvenirs..... oh !..... des souvenirs..... d'un temps... qui n'est plus.

En prononçant ces derniers mots, Pog avait parlé presque indistinctement.

Trymalcion s'était senti presque ému de l'accent de son farouche compagnon.

La voix de Pog, ordinairement railleuse et

dure, venait de s'adoucir presque jusqu'à la plainte.

Trymalcion, stupéfait, s'approchait de Pog pour lui parler; il recula effrayé en le voyant tout-à-coup lever ses deux poings vers le ciel d'un air de menace, et en l'entendant pousser un cri à la fois si douloureux, si menaçant, si désespéré, qu'il n'avait rien d'humain.

— Maître Pog.... qu'avez-vous?.... qu'avez-vous? — dit Trymalcion.

— Ce que j'ai, — s'écria-t-il presqu'en délire, — ce que j'ai!.... tu ne sais donc pas.... que cet homme... qui est là... devant toi... qui rugit de douleur..... qui pousse la cruauté jusqu'à la folie... qui ne rêve que sang et massacre... que cet homme a été béni de tous... a été aimé de tous... parce qu'il était bon..... généreux. Tu ne sais pas... oh! non, tu ne sais pas... tout le mal qu'il a fallu lui faire, à cet homme, pour l'exalter jusqu'à la rage qui le possède!

Trymalcion restait de plus en plus stupéfait d'un langage qui contrastait si singulièrement avec le caractère habituel de Pog.

Il tâchait, malgré l'obscurité, de démêler l'expression de sa physionomie.

Après un long silence, il entendit retentir le rire sec et strident du pirate. — Eh!... eh!... compère, — dit ce dernier avec le ton d'ironie qui lui était familier, — on a raison de dire que la nuit... les chiens fous aboient à la lune!... Avez-vous compris un mot à toutes les sottises que je viens de vous débiter là? J'aurais été bon acteur, sur ma foi, ne trouvez-vous pas, compère?

— Je n'ai pas compris grand'chose, en effet, maître Pog; sinon que vous n'avez pas toujours été ce que vous êtes... Nous en sommes tous là... j'étais cuistre de collége avant d'être pirate.

Pog, sans lui répondre, fit un geste de la main pour lui commander le silence. Puis, écoutant avec attention du côté de la mer, il dit : — J'entends un canot, ce me semble.

— Sans doute. — dit Trymalcion.

Un des hommes de guet sur les rambades poussa trois cris bien distincts, le premier séparé des deux derniers par un assez grand intervalle; les deux derniers, au contraire, très rapprochés l'un de l'autre.

Le patron du canot répondit à ce cri d'une manière opposée; c'est-à-dire qu'il poussa d'abord deux cris très précipités, suivis d'un cri plus prolongé.

— Ce sont des gens du chebek et l'espion, sans doute, — dit Trymalcion.

En effet, le canot aborda bientôt aux espales.

L'espion monta sur le pont de la galère.

— Quelles nouvelles d'Hières? — lui dit Pog.

— Mauvaises pour Marseille, capitaine; les galères du marquis de Brézé, venant de Naples, y ont mouillé avant-hier.

— Qui t'a dit cela?

— Deux patrons de barque.... J'étais entré demander l'aumône dans une hôtellerie, et les patrons ont donné cette nouvelle... des muletiers arrivant de l'ouest avaient entendu dire la même chose à Saint-Tropez.

— Et sur la côte, quel bruit!

— On est en alarme du côté de la Ciotat.

Pog fit un signe de la main, l'espion se retira.

— Que faire, maître Pog — s'écria Trymalcion — il n'y a que des coups à gagner à Marseille, l'escadre de galères du marquis de Brézé défend le port. Attaquer l'ennemi mal à propos, c'est lui faire du bien au lieu de lui faire tort ; nous n'aurons rien à faire à Marseille.

— Rien — dit maître Pog.

— Alors, la Ciotat nous tend les bras... ces pourceaux de citadins sont, il est vrai, en alarme, Sardanapale ! Qu'importe ! les oisillons tremblent aussi quand ils voient l'épervier prêt à fondre sur eux ; mais leurs terreurs rendent-elles ses ongles moins aigus, son bec moins tranchant ? Qu'en dites-vous, maître Pog ?

— A la Ciotat demain au coucher du soleil, si le vent cesse. Nous surprendrons ces gens au milieu d'une fête, nous changerons leurs cris de joie en cris de mort ! — dit Pog d'une voix sourde.

— Sardanapale !... ces citadins ont, dit-on, la poule aux œufs d'or cachée dans leur masure... On dit le couvent des Minimes rempli de vins précieux, sans compter qu'à la Noël les fermiers de ces riches fainéants leur apportent l'argent de leurs fermages; nous trouverons leur caisse bien garnie.

— À la Ciotat — dit Pog — le vent peut changer cap pour cap. Je vais retourner à bord de *la Galliônne rouge,* au premier signal, imitez ma manœuvre.

— C'est dit, maître Pog — répondit Trymalcion. . . . .

. . . .

Pendant que les Pirates, embusqués dans cette baie solitaire, se préparent à attaquer et à surprendre les habitants de la Ciotat, nous retournerons au cap de l'Aigle, où nous avons laissé le guetteur occupé à organiser la défense de la côte.

CHAPITRE XXVII.

HADJI.

La fête de la Noël était enfin arrivée.

Quoique la crainte des barbaresques eût tenu la ville et la côte en alarme depuis plusieurs jours, on commençait à se rassurer.

Le coup de vent de tramontane avait duré si longtemps, il avait été d'une telle violence qu'on ne pouvait supposer que des bâtiments pirates aient pu se hasarder en mer par un temps pareil, encore bien moins qu'ils eussent osé relâcher dans un hâvre du littoral, ainsi que l'avaient pourtant fait les galères de Pog et de Trymalcion.

La sécurité des habitants devait leur être fatale.

Il fallait au moins quarante heures pour que la galère du commandeur pût arriver du cap Corse à la Ciotat ; la tempête n'avait cessé que depuis la veille, et Pierre des Anbiez n'avait pu mettre à la voile que le matin même des fêtes de Noël.

Au contraire, les galères des pirates pouvaient être à la Ciotat en trois heures, l'île de Porte-Cros où ils étaient réfugiés ne s'en trouvait éloignée que de six lieues environ.

Mais, nous le répétons, les craintes avaient presque cessé sur la côte ; on comptait d'ailleurs sur la vigilance bien connue du guetteur.

Il devait donner l'alarme en cas de danger ; deux signaux de correspondance avec la logette du cap de l'Aigle étaient établis, l'un à la pointe opposée de la baie, l'autre sur la terrasse de la Maison-Forte.

A la moindre alerte, tous les hommes de la Ciotat capables de porter les armes devaient se rassembler à la maison de ville, pour y prendre les ordres du consul et courir à la défense du point attaqué.

Une chaîne avait été tendue à l'entrée du

port, et plusieurs grosses barques de pêche armées de pierriers mouillées à une très petite distance de cette chaîne.

Enfin, deux patrons de chaloupe, occupés depuis le matin à explorer les environs, avaient à leur retour augmenté la sécurité générale; en annonçant qu'on ne découvrait aucune voile à trois où quatre lieues en mer.

Il était environ deux heures après midi.

Un vent d'est assez piquant remplaçait l'impétueux tramontane des jours précédents.

Le ciel était pur, le soleil vif pour un soleil d'hiver, la mer belle quoique encore un peu houleuse.

Un enfant portant sur sa tête un panier commençait à gravir en chantant la rampe des rochers escarpés, qui conduisait à la logette du guetteur.

Tout-à-coup, en entendant l'aboiement plaintif d'un chien, l'enfant s'arrêta, regarda autour de lui avec curiosité, ne vit rien et continua sa route.

Le cri se répéta de nouveau, il semblait cette fois plus rapproché et plus douloureux.

Raymond V avait chassé la veille de ce

côté, croyant qu'un des chiens du baron était tombé dans quelques fondrières, l'enfant posa son panier par terre, gravit un assez gros bloc de rocher qui surplombait le chemin et écouta avec attention.

Les cris s'éloignèrent un peu, quoiqu'en s'affaiblissant ils parussent plus plaintifs encore.

L'enfant n'hésita plus : autant pour faire quelque chose d'agréable à son seigneur que pour mériter une petite récompense, il se mit avec ardeur à la recherche du pauvre animal et disparut bientôt au milieu des rocs entassés.

Le chien semblait tantôt se rapprocher, tantôt s'éloigner de lui ; enfin ces abois cessèrent tout-à-coup.

L'enfant avait quitté le sentier. Pendant qu'il écoutait, appelait, criait, sifflait, Hadji le bohémien parut derrière un rocher.

Grâce à son habileté de jongleur, c'était lui qui avait imité les cris du chien, afin d'entraîner l'enfant à sa poursuite et de l'éloigner ainsi de son panier. Depuis trois jours, Hadji errait au milieu de cette solitude ; n'osant pas reparaître à la Maison-Forte, il attendait d'un jour à l'autre la venue des pirates prévenus par son second message.

Sachant que chaque matin on portait les provisions à Peyroü, Hadji, qui guettait le pourvoyeur depuis quelques heures, avait usé du stratagème qu'on a dit, pour lui faire abandonner son panier.

Le bohémien ouvrit la cantine soigneusement garnie par le majordome Laramée, il y prit une large bouteille recouverte de paille et y versa une petite quantité de poudre blanche, puissant soporifique dont le digne Luquin Trinquetaille avait déjà éprouvé les effets.

Le bohémien avait seulement vécu depuis deux jours du peu de provisions qu'il avait emportées de la Maison-Forte; craignant d'éveiller les soupçons, il eut le courage de ne pas toucher aux mets appétissants destinés au guetteur.

Il remit la bouteille en place, et disparut.

L'enfant, après avoir en vain cherché le chien égaré, revint prendre son panier, et arriva enfin au sommet du promontoire.

Maître Peyroü passait pour un être si mystérieux, si formidable, que son jeune pourvoyeur n'osa lui dire un mot des cris du chien; il déposa le panier sur le bord de la dernière pierre du sentier, et descendit à toutes jambes, après avoir dit d'une voix tremblante, en tenant son bonnet dans ses deux mains :

« — Le bon Dieu vous garde, maître Peyroü! »

Le guetteur sourit de la frayeur de l'enfant, se leva de son banc, alla chercher le panier, et l'apporta près de lui.

Les provisions se ressentaient des fêtes de la Noël.

C'était d'abord un très beau dindon rôti, mets obligé de cette solennité : puis, un pâté de poisson froid, des gâteaux au miel et à l'huile et une corbeille de raisins et de fruits secs, en guise de calênos*; enfin, deux pains blancs à croûte dorée, et une grande bouteille contenant au moins deux pintes du plus généreux vin de Bourgogne de la cave de Raymond V, complétaient cette réfection.

Le bon guetteur, tout solitaire et tout philosophe qu'il était, ne parut pas insensible à la vue de ces excellentes choses.

* Présent qu'on se fait à la Noël.

Il entra dans sa logette, prit sa petite table, la mit devant la porte, et y plaça les préparatifs de son festin de Noël.

Pourtant une idée mélancolique vint attrister le guetteur.

Aux nuages de fumée inaccoutumés qui surmontaient la ville de la Ciotat, on voyait que les habitants, pauvres ou riches, faisaient de joyeux préparatifs pour réunir à table leur famille et leurs amis. Le guetteur soupira en songeant à l'espèce d'exil qu'il s'était imposé. Déjà vieux, sans parents, sans amis, il devait mourir sur ce rocher au milieu de cette imposante solitude.

Une autre cause aussi attristait Peyroü; il avait en vain espéré signaler à l'horizon l'arrivée de la galère du commandeur; il savait avec quelle joie Raymond V aurait embrassé ses deux frères; il savait aussi que la morne tristesse de Pierre des Anbiez, que ses profonds chagrins trouvaient seulement quelque adoucissement, quelque consolation, au milieu des douces joies de sa famille.

Enfin, une autre raison non moins importante faisait encore ardemment désirer au guetteur le retour du commandeur.

Il était depuis plus de vingt ans dépositaire d'un terrible secret et de papiers qui s'y rattachaient. Sa vie retirée, sa fidélité à toute épreuve étaient autant de garanties pour la sûreté de ce secret. Mais le guetteur voulait prier le commandeur de le délivrer de cette grave responsabilité et d'en charger Raymond V.

En effet, Peyroü pouvait périr d'une mort violente ; sa scène avec le bohémien prouvait à quels dangers il se trouvait exposé dans un endroit si écarté.

Toutes ces raisons faisaient donc extrêmement désirer au guetteur l'arrivée de la galère noire.

Une dernière fois, avant que de se mettre à table, il examina attentivement l'horizon.

Le soleil commençait à décliner. Le guetteur, quoiqu'il ne vît rien au loin, ne perdit pas encore l'espérance d'apercevoir la galère avant la fin du jour.

Afin de pouvoir la signaler plus vite, il résolut de dîner dehors.

La vue d'un bon repas dérida cependant quelque peu le front du guetteur.

Il commença par approcher de ses lèvres le flacon de vin de Bourgogne ; après en avoir bu plusieurs gorgées, il s'essuya la bouche du revers de sa main, en disant le proverbe provençal : *A Tousan tou vin es san.* (A la Toussaint tout vin est saint.)

— Raymond V n'a pas oublié son juge — ajouta-t-il en souriant ; — puis il dépeça le dindon.

— Allons... allons... à vieil homme, vieux vin, je me sens le cœur déjà plus réjoui, et mes espérances de voir la galère du commandeur deviennent des certitudes...

A ce moment, Peyroü entendit un frôlement dans l'air, une des branches du vieux pin craqua, et *Brillante* s'abattit d'un vol pesant sur le toit de pierre de la logette ; puis du toit elle descendit à terre.

— Ah ! ah !... *Brillante* — dit le guetteur — tu viens prendre ta part du calênos de la Noël ? Tiens — ajouta-t-il, en lui donnant un morceau de volaille que l'aigle refusa.

— Ah ! vilaine farouche, tu ne dédaignerais

pas ce morceau s'il était saignant... Veux-tu de ce pâté?... Non... Ah! tu ne trouveras pas tous les jours un régal comme le pigeon de ce bohémien maudit. Jamais je n'oublierai le service que tu m'as rendu, mon courageux oiseau, quoique ton goût pour les chairs sanglantes ait été pour beaucoup dans ta belle action... Mais il n'importe..... *Brillante*..... il n'importe, cela sent l'ingratitude, de chercher les motifs d'une conduite dont on a profité, j'aurais dû penser à te donner quelque bon quartier de mouton pour fêter ta Noël... Mais demain je n'y faudrai pas... Pour toi comme pour bien des hommes, le régal fait la fête... et ce n'est pas le saint qu'on glorifie...

Maître Peyroü finit son repas, tantôt causant avec *Brillante*, tantôt accolant la large bouteille du baron.

Le crépuscule commençait à descendre sur la ville.

Le guetteur s'enveloppa de son caban, alluma sa pipe, et se mit à contempler les approches de cette belle nuit d'hiver avec une sorte de béatitude recueillie.

Quoique la nuit approchât, il interrogea encore l'horizon avec sa longue-vue, et ne découvrit rien.

Il tournait machinalement la tête du côté de la Maison-Forte, en songeant que tout espoir de voir arriver le commandeur n'était pas encore tout à fait perdu, lorsqu'il vit avec étonnement une troupe de soldats commandés par deux hommes à cheval, s'avançant en toute hâte sur la grève, vers la demeure de Raymond V.

Il saisit sa lunette, malgré les ombres du soir qui commençaient à descendre, il reconnut le greffier Isnard monté sur sa mule blanche ; il accompagnait un cavalier : à son haussecol de fer, à sa jaquette de buffle, à son écharpe blanche, on reconnaissait ce dernier pour un capitaine.

— Que veut dire ceci ? — s'écria le guetteur en se rappelant avec effroi l'animosité de maître Isnard. — Vont-ils donc arrêter le baron des Anbiez, en vertu d'un ordre de monseigneur le maréchal de Vitry ?... Ah ! je ne le crains que trop... Et ce que je crains plus encore..... c'est la résistance de Raymond V..... Mon Dieu ! qu'est-ce que cela va devenir ?....

Quelle triste Noël! si cela est ainsi que je le redoute.

Abîmé d'inquiétude, le guetteur restait les yeux fixés sur la plage, quoiqu'alors la nuit fût devenue assez obscure pour ne pas lui permettre de rien distinguer.

Bientôt la lune se leva brillante, pure; elle inonda de sa vive clarté les rochers, la baie, la plage et la Maison-Forte.

Au loin, noyée de brume, la ville, dont la masse sombre et vaporeuse fourmillait çà et là de points lumineux, découpait la noire silhouette de ses toits aigus et de ses clochers sur le pâle azur du ciel.

La mer, tout à fait calmée, ressemblait à un lac paisible... on entendait à peine le sourd murmure de ses vagues endormies. Une ligne d'un bleu plus sombre marquait la courbe immense de l'horizon.

Le guetteur regardait avec anxiété les fenêtres de la Maison-Forte, qui toutes étaient vivement éclairée.

Peu à peu il sentit ses paupières s'alourdir.

Attribuant cette pesanteur de tête au vin

dont il n'avait pourtant que sobrement usé, il se leva et marcha avec vivacité.

Malgré ce mouvement, il sentit une espèce de lassitude se glisser dans tous ses membres.

Sa vue s'affaiblit... il fut obligé de revenir s'asseoir sur son banc.

Pendant quelques minutes il lutta de toute sa force contre l'engourdissement qui envahissait peu à peu ses facultés.

Enfin, quoique sa raison commençât de partager aussi cet état de torpeur générale, il eut la présence d'esprit d'aller dans sa logette, et de se plonger la tête dans un bassin d'eau presque gelée.

La fraîcheur de cette immersion lui rendit, pendant quelques secondes, l'usage de ses sens.

— Malheureux! qu'ai-je fait?—s'écria-t-il —je me suis enivré...

Il fit quelques pas encore, mais il fut forcé de se rasseoir.

Un moment contrarié, le soporifique redoubla d'action... Adossé contre le mur de sa logette, le guetteur conserva malheureusement assez de perception pour être témoin d'un spectacle qui pensa le faire mourir de rage et de désespoir.

Deux galères et un chebek parurent à la pointe orientale de la baie, pointe que Peyroü pouvait seul découvrir des hauteurs du cap de l'Aigle.

Ces bâtiments doublèrent le promontoire avec lenteur et précaution.

Par un dernier et violent effort, le guetteur se dressa de toute sa hauteur, en criant d'une voix affaiblie : Les pirates !

Il fit, en trébuchant, un pas vers le fourneau où étaient amoncelés les combustibles de toute espèce prêts à brûler. Au moment où il y touchait, il tomba privé de sentiment.

Le bohémien, qui avait épié tous ses mouvements, parut alors à l'entrée du sentier de l'esplanade, et s'avança avec la plus grande circonspection.

Arrêté d'abord derrière la logette, il écouta, et n'entendit que la respiration oppressée du guetteur.

Certain de l'effet de son soporifique, il s'approcha de Peyroü, se baissa, toucha ses mains son front, et les trouva glacés.

— La dose est forte — se dit-il — peut-être même trop forte... Tant pis, car je ne voulais pas le tuer...

S'avançant alors sur le bord du précipice, il vit au loin, très distinctement, les trois bâtiments pirates.

Après avoir marché lentement, de crainte d'être découverts, ils faisaient force de rames pour atteindre l'entrée du port, où le bohémien devait aller les rejoindre.

L'œil exercé d'Hadji reconnut, à l'avant des deux galères, certains points lumineux, qui n'étaient autres que des torches incendiaires, destinées à brûler la ville et les bâtiments pêcheurs.

— Par Eblis, ils vont enfumer ces citadins comme des renards dans leur terrier... il était temps que ce vieillard s'endormit peut-être pour toujours, mais visitons sa logette... j'ai le temps de redescendre, je serai assez tôt sur la grève pour m'emparer d'une barque et rejoindre maître Pog, qui m'attend avant de commencer l'attaque. Entrons, on dit que ce vieillard cache ici un trésor.

Hadji prit dans l'âtre un tison et alluma une lampe.

Le premier objet qui frappa ses regards fut un bahut d'ébène sculpté, placé près du lit du guetteur.

— Voilà un meuble bien riche pour un tel reclus.

Ne trouvant pas de clef, le pirate prit la hache, brisa la serrure, ouvrit les deux battants, les tablettes étaient vides.

— Il n'est pas naturel — dit-il — d'enfermer *rien* avec autant de précaution ; le temps presse, cette clef m'ouvrira tout. Il reprit la hache ; en un instant le meuble fut en morceaux.

Un double fond se brisa.

Le bohémien poussa un cri de joie en apercevant le petit coffret d'argent ciselé dont nous avons parlé, et sur lequel on voyait une croix de Malte.

Ce coffret assez lourd se fermait sans doute par un secret, car on n'y apercevait ni clef, ni serrure.

— J'ai ma bonne part du butin, maintenant courons aider maître Pog à prendre la sienne... Ah !... ah !... — ajouta-t-il avec un rire diabolique, en montrant la baie et la ville alors ensevelies dans le calme le plus profond — tout à l'heure Éblis secouera là ses ailes de feu... Le ciel sera en flammes et les eaux en sang...

Puis, par dernière précaution, il vida une tonnelle d'eau sur le fourneaux des signaux et descendit en toute hâte, afin de rejoindre les bâtiments pirates.

CHAPITRE XXVIII.

LA NOEL.

— Pendant que tant de malheurs menaçaient on fêtait paisiblement la Noël.

Malgré les inquiétudes qu'avaient données les avis du guetteur, malgré les alarmes que causait la terreur des pirates, on avait fait dans chaque maison, pauvre ou riche, les préparatifs de cette fête patriarcale.

Nous avons parlé de la magnifique crèche préparée depuis longtemps par les soins de dame Dulceline.

Elle était enfin achevée et placée dans la salle du dais ou salon d'honneur de la Maison-Forte.

Minuit venait de sonner. La femme de charge attendait avec impatience le retour de Raymond V, de sa fille, d'Honorat de Berrol et de quelques parents ou hôtes que le baron avait invités à cette cérémonie.

Tous s'étaient rendus à la Ciotat, afin d'assister à la messe de minuit.

L'abbé Mascarolus avait dit la messe dans la chapelle du château, pour les personnes qui y étaient restées.

Nous conduirons le lecteur dans la salle du dais; elle occupait les deux tiers de la longue galerie qui communiquait aux deux ailes du château.

On ne l'ouvrait que lors des occasions solennelles.

Une splendide étoffe de soie rouge damassée couvrait ses murailles. A défaut de fleurs que la saison rendait très rares, des masses de branches d'arbres verts, arrangées dans des caisses, cachaient presqu'entièrement les dix grandes fenêtres cintrées de cette salle immense.

A l'une de ses extrémités, s'élevait une cheminée de granit grossièrement sculptée et haute de dix pieds.

Malgré le froid de la saison, aucun feu ne brûlait dans ce vaste foyer, mais un énorme bûcher composé de sarments de vigne, de hêtre, d'olivier, de pommes de pin, n'attendait que la formalité d'usage pour jeter dans le salon des flots de lumière et de chaleur.

Deux pins aux longues branches vertes ornées de rubans, d'oranges et de grappes de raisin, étaient dressés dans des caisses de chaque côté de la cheminée, et formaient au-dessus de son manteau un véritable bosquet de verdure.

Dix lustres de cuivre illuminés de bougies jaunes dissipaient à peine les ténèbres de cette pièce immense.

A son autre bout, en face de la cheminée, s'élevait un dais à peu près semblable au dais d'un lit avec courtines, rideaux, rebrasses et épitoges de damas rouge.

Il couvrait de ses longs plis cinq marches de bois cachées par un tapis turc.

Ordinairement le fauteuil armorié de Raymond V était placé sur cette élévation.

C'est à cette place que trônait le vieux gentilhomme lors des rares occasions où il rendait la haute et basse justice seigneuriale.

Le jour de Noël, ainsi que nous l'avons dit, la crèche de l'enfant Jésus occupait cette place d'honneur.

Une table de chêne massive, recouverte d'une riche draperie orientale, garnissait le milieu de la galerie.

Sur cette table, on voyait un coffret d'ébène richement sculpté et armorié ; il renfermait *le livre de raison*, sorte d'archives, dans lesquelles on inscrivait les naissances des membres de la famille, et les faits importants arrivés dans chaque maison.

Des fauteuils et des bancs de chêne sculptés à pieds tors complétaient l'ameublement de cette galerie, à laquelle son ampleur et sa nudité sévère donnaient un caractère imposant.

Dame Dulceline et l'abbé Mascarolus venaient de terminer la pose de la crèche sous le dais.

Cette merveille était un tableau en relief, d'environ trois pieds carrés de base sur trois pieds de hauteur.

La représentation fidèle de l'étable où naquit le Sauveur aurait trop limité la composition poétique du bon abbé.

Au lieu de se passer dans une étable, la pieuse scène se passait sous une espèce d'arcade soutenue par deux assises à demi ruinées ; des interstices des pierres (véritables petites pierres tendres artistement taillées), s'échappaient de longues guirlandes de feuilles pariétaires aussi naturelles.

Un nuage de cire blanche semblait envelopper la partie supérieure de l'arcade Cinq ou six chérubins d'un pouce de hauteur, modelés en cire peinte de couleur naturelle et portant des ailes d'azur faits de plumes d'oiseaux mouches, étaient, çà et là, nichés dans le nuage et tenaient suspendue une banderole de soie blanche, au milieu de laquelle brillaient ces mots, brodés en lettres d'or : *Gloria in excelsis*.

Les assises de l'arcade reposaient sur une sorte de tapis de mousse fine et serrée comme du velours vert ; en avant de cette fabrique, on voyait le berceau du Sauveur du monde, un véritable berceau en miniature, recouvert des plus riches dentelles. L'enfant Jésus y reposait.

Agenouillée tout auprès, la Vierge Marie penchait sur lui son front maternel, le voile blanc de la reine des anges tombait jusqu'à ses pieds et cachait à demi sa robe de soie couleur d'azur.

L'agneau pascal, les quatre pieds attachés par un ruban rose, était couché au pied du berceau ; derrière lui, le bœuf accroupi avançait sa lourde tête et de ses yeux d'émail semblait contempler l'enfant divin.

L'âne sur un plan plus reculé, et à demi caché par les montants de l'arcade, derrière laquelle il se trouvait, montrait aussi sa tête débonnaire.

Le chien semblait ramper auprès du berceau, pendant l'adoration des bergers vêtus de grossiers sayons, et des rois mages portant de riches robes de brocatelle.

Un quadruple rang de petites bougies de cire rose parfumées brûlaient autour de cette crèche.

Il avait fallu un travail immense et véritablement beaucoup de ressources d'imagination, pour arriver à une perfection de ce genre. Ainsi, l'âne en relief, de six pouces de hauteur, était recouvert de peaux de souris qui imitaient sa robe à s'y tromper.

Le bœuf, noir et blanc, devait son pelage à un cochon d'Inde de cette couleur, et ses cornes noires, courtes et polies, aux pinces arrondies d'un énorme scarabé.

Les robes des rois mages révélaient un travail et une patience de fée, leurs longs cheveux blancs étaient de vrais cheveux dont dame Dulceline avait dégarni elle-même sa tête vénérable.

Quant aux figurines des chérubins, de l'enfant Jésus et aux différents masques des acteurs de cette scène pieuse, ils avaient été achetés à Marseille chez des maîtres ciriers toujours merveilleusement assortis d'objets nécessaires à la confection des crèches.

— Sans doute, tout cela n'était pas de l'art; mais il y avait dans ce petit monument d'une laborieuse et naïve piété quelque chose de simple, de touchant, comme la scène divine qu'on avait tenté de reproduire avec une si religieuse conscience.

Le bon vieux prêtre et dame Dulceline, après avoir allumé les dernières bougies qui environnaient la crèche, se complurent un instant dans l'admiration de leur ouvrage.

— Jamais, monsieur l'abbé — dit dame Dulceline — nous n'avons eu si belle crèche à la Maison-Forte.

— C'est vrai, dame Dulceline, la représentation des animaux approche autant de la nature qu'il est donné à l'homme d'approcher des merveilles de la création.

— Ah ! monsieur l'abbé, pourquoi faut-il que ce soit ce mécréant, ce damné bohémien qu'on dit un émissaire des pirates, qui nous ait donné le secret de faire des yeux de verre à ces animaux.

— Qu'importe, dame Dulceline, peut-être un jour ce mécréant connaîtra-t-il la vérité éternelle. Le Seigneur emploie tous les bras pour travailler à son temple.

— Dites-moi donc, monsieur l'abbé, pourquoi on met la crèche sous le dais, dans la salle d'honneur? Voilà bientôt quarante ans que je fais des crèches dans la Maison-Forte des Anbiez; ma mère en a fait pour Raymond

IV, père de Raymond V, pendant autant d'années... Eh bien ! je ne lui ai jamais demandé, ni je ne me suis jamais demandé à moi-même pourquoi on choisissait de préférence la salle du dais pour cette exposition.

— Ah ! voyez-vous, dame Dulceline, c'est qu'il y a toujours au fond de nos anciens usages religieux quelque chose de consolant pour les petits, pour les faibles et pour les souffrants... et aussi quelque chose d'imposant comme une leçon pour les heureux, pour les riches et pour les puissants de ce monde... Cette crèche, par exemple, c'est le symbole de la naissance du divin Sauveur... C'est le pauvre enfant d'un pauvre artisan, et pourtant, il doit être un jour autant au-dessus des hommes les plus puissants que le ciel est au-dessus de la terre... Aussi, vous le voyez, dame Dulceline, le jour anniversaire de la rédemption, la crèche rustique et pauvre de l'enfant Sauveur prend la place d'honneur dans le salon cérémonial du haut baron.

— Ah ! je comprends, monsieur l'abbé, on met l'enfant Jésus à la place du haut baron pour signifier que les seigneurs doivent s'incliner des premiers devant le Sauveur ?

— Sans doute, dame Dulceline, en faisant ainsi hommage au Seigneur du symbole de sa puissance, le baron prêche l'exemple de la communion et de l'égalité des hommes devant Dieu.

Dame Dulceline resta un moment pensive; satisfaite de cette explication, elle eut encore recours à l'abbé pour une question qui lui semblait plus difficile à résoudre.

— Monsieur l'abbé — reprit-elle d'un air embarrassé — vous dites qu'au fond de tout ancien usage il y a toujours un enseignement ? peut-il y en avoir à laisser, le jour de Pâques-fleuries, les enfants trouvés courir dans les rues de Marseille * avec des branches de lauriers ornées de fruits ? Tenez... l'an passé, le jour de Pâques-fleuries, j'en rougis encore, monsieur l'abbé, je me promenais sur la canebière en compagnie de maître Talebard-Talebardon le consul, qui alors ne s'était pas dé-

* Villeneuve. — Statistique des Bouches-du-Rhône. — Marchetti. — Usages marseillais. — Voir les mêmes auteurs pour le reste de ce chapitre.

claré l'ennemi de monseigneur ; voilà-t-il pas, un de ces petits malheureux enfants trouvés, qui s'arrête devant moi et devant le consul, et qui nous dit, d'une voix douce en nous baisant la main — Bonjour, ma mère ! bonjour, mon père ! — Par sainte Dulceline, ma patronne, monsieur l'abbé ! je suis devenue pourpre de honte ; maître Talebard-Talebardon aussi... Je vous fais grâce, par respect, des grossières plaisanteries que maître Laramée, qui nous accompagnait, s'est permises à mon sujet à propos de l'impudente apostrophe de cet enfant trouvé ? Mais ce M. Laramée n'a ni honte ni vergogne. Toujours est-il que, repoussant avec horreur ce nourrisson de la charité publique, je lui ai pincé vertement le bras en lui disant: Voulez-vous bien vous taire, vilain petit bâtard que vous êtes ? Il a senti sa faute, s'est mis à pleurer, et comme je me plaignais de cette audace indécente à un grave citadin, il m'a répondu : — Ma bonne dame, tel est l'usage ici, les enfants trouvés ont le privilége le jour de Pâques-fleuries, de parcourir les rues, et de dire, *mon père* et *ma mère*, à tous ceux qu'ils rencontrent.

— C'est en effet l'usage, dame Dulceline — dit l'abbé.

— C'est l'usage, monsieur l'abbé, soit ; mais n'est-ce pas un usage bien impertinent que ce-lui là? permettre à de petits malheureux sans père ni mère de venir appeler *ma mère* d'honnêtes et prudes personnes qui, comme moi, par exemple, préfèrent la paix du célibat aux inquiétudes de la famille... Quelle est la moralité de cet usage, je vous prie, monsieur l'abbé? J'ai beau y regarder de tous mes yeux, je n'y vois qu'une coutume furieusement indécente.

— Et vous vous trompez, dame Dulceline — dit Mascarolus — cet usage est digne de respect et vous avez eu tort de rudoyer ce pauvre enfant...

— J'ai eu tort? Ce petit drôle vient m'appeler sa mère, et je souffrirai cela? Comment, grâce à cet usage...

— Grâce à cet usage, grâce au privilège qu'ont ces petits infortunés de pouvoir dire un jour dans l'année : *mon père, ma mère*, à tous ceux qu'ils rencontrent, ces noms si doux, qu'ils ne prononcent jamais, leur passent au moins une fois sur les lèvres ! Combien y en a-t-il, hélas ! et j'en ai vu, qui disent ces mots bénis, les larmes aux yeux, en pensant que, ce jour passé, ils ne pourront plus même répéter ces paroles sacrées. Aussi quelquefois, dame Dulceline, des étrangers émus de tant d'innocence et de malheur, ou se sentant touchés de ces paroles caressantes, ont adopté quelqu'un de ces petits abandonnés ; d'autres leur ont fait une abondante aumône, car ce naïf appel à la sensibilité de tous est presque toujours entendu. Vous voyez, dame Dulceline, que cet usage a aussi un but utile, une signification pieuse.

La vieille femme de charge baissa les yeux en silence, et répondit au bon chapelain :

— Vous êtes un habile homme, monsieur l'abbé ; vous avez raison. Ce que c'est que la science, pourtant ! Maintenant, je me repens d'avoir rudoyé ce petit malheureux. A la prochaine Pâque-fleurie, je ne manquerai pas d'emporter quelques aunes de bon drap bien chaud, de bonne toile de lin, et cette fois, je vous le promets, je ne ferai pas la marâtre avec le premier de ces pauvres enfants qui me dira *ma mère* ! Mais si ce vieil ivrogne de Laramée fait quelque indécente plaisanterie à mon sujet, aussi vrai qu'il a des yeux, je lui prouverai que j'ai des ongles.

— Cette preuve sera de trop, dame Dulceline. Mais puisque monseigneur ne rentre pas encore, et que nous parlons des usages de notre bonne et vieille Provence, et de leurs utilités pour les pauvres gens, tenez, qu'avez-vous remarqué le jour de la Saint-Lazare, dans le *Branle de Saint-Elme** ?

— Que voulez-vous que je vous dise, monsieur l'abbé. Maintenant je me défie de moi ; avant votre explication, je pestais contre l'usage de la Pâque-fleurie des enfants trouvés, maintenant je le respecte.

— Dites toujours, dame Dulceline, tout péché d'ignorance est excusable... Selon vous, quel est le but du *Branle de Saint-Elme ?*

— Dame, monsieur l'abbé, je n'y comprends rien. Je me demande à quoi bon, le jour de la fête de la Saint-Elme, faire habiller, aux frais de la ville ou de la commune, tous les jeunes

---

* Usages de Marseille par M. de Ruffi. Cet usage s'est conservé jusqu'au commencement du dix-huitième siècle.

garçons et toutes les jeunes filles pauvres, le plus magnifiquement possible? Ce n'est pas tout; non contente de cela, cette jeunesse s'en va de maison en maison, soit chez les riches bourgeois, soit chez les seigneurs, demander encore à emprunter, celle-ci un collier d'or, celle-là des boucles d'oreilles de diamant, cette autre une ceinture d'orfévrerie, celui-là un cordon de chapeau en pierreries, ou un ceinturon à tresses d'or. Eh bien! à mon avis (sauf à en changer tout à l'heure), monsieur l'abbé, on a tort de prêter tous ces riches atours à des artisans, à des artisanes ou à des pauvres gens qui n'ont ni sou ni maille.

— Pourquoi cela? Depuis qu'on fête ici la Saint-Lazare, dame Dulceline, avez-vous jamais entendu dire que quelqu'un de ces précieux joyaux ait été larronné ou perdu?

— Bon Dieu du ciel! jamais, monsieur l'abbé, ni ici, ni à Marseille; ni dans toute la Provence, je crois; Dieu merci, cette jeunesse est honnête, après tout! Ainsi, l'an passé, mademoiselle Reine a prêté sa cordelière de Venise, qui vaut, dit Stéphanette, plus de deux mille écus. Eh bien! Théréson, la fille du meunier de la Pointe-aux-Cailles, qui avait porté ce riche bijou pendant toute la fête, est venue le rapporter bien avant le coucher du soleil, quoiqu'elle eût la permission de le garder jusqu'à la nuit. Pour cette même fête de Saint-Lazare, monseigneur a prêté à Pierron, le pêcheur de la Maison-Forte, sa belle chaîne d'or et son médaillon entouré de rubis, que M. Laramée nettoie, ainsi que vous le lui avez dit, avec des pleurs de la vigne.

— C'est vrai; et si l'on peut joindre à ces pleurs de vigne une larme de cerf tué dans le temps de la cervaison, dame Dulceline, les rubis brilleront comme des étincelles de feu...

— Eh bien ! monsieur l'abbé, Pierre le pêcheur a aussi rapporté fidèlement cette précieuse chaîne, même avant l'heure fixée. Encore une fois, monsieur l'abbé, cette jeunesse est une honnête jeunesse; mais je ne vois pas quelle utilité il y a à risquer de perdre, non par larronnerie, mais par hasard, de beaux joyaux, pour le plaisir de voir, par les rues et les chemins, défiler ces farandoles de jeunes gens, au son des bachias*, des cymbalettes

---

* Bachias. Le tambourin. — Les cymbalettes étaient de

et des galoubets, qui jouaient des ooubados et des bedocheos à vous assourdir.

— Eh bien! dame Dulceline — dit Mascarolus en souriant doucement — vous allez encore reconnaître que vous avez eu tort de ne rien voir dans cet usage, ni enseignement, ni utilité; quand mademoiselle a prêté à Théréson la pauvre fille du meunier de monseigneur, une parure précieuse, digne de la demoiselle d'un baron, elle lui a montré une confiance aveugle; or, dame Dulceline la confiance augmente l'honnêteté, et chasse l'improbité. Ce n'est pas tout, en associant pour un jour Théréson aux jouissances de la parure, notre jeune maîtresse lui en a montré à la fois le plaisir et le néant; et puis, cette jouissance n'étant pas interdite aux pauvres gens, ils n'en conçoivent pas de jalousie. Cet usage, enfin, entretient, entre les riches et les indigents, de précieux rapports, basés sur la probité, sur la confiance, sur une touchante com-

petites cymbales en acier. — Les ooubados et bedocheos, les airs nationaux qu'on jouait sur ces instruments. — Voir Marchetti.

munauté... Que pensez-vous maintenant du Branle de Saint-Elme, dame Dulceline ?

— Je pense, monsieur le chapelain, que je n'ai d'autres bijoux qu'une croix et une chaîne d'or, mais qu'à la première fête de Saint-Lazare je la prêterai de bon cœur à la jeune Madelon, la meilleure ouvrière de ma lingerie ; car toutes les fois que je sors cette croix d'or de sa boîte, la pauvre fille la dévore des yeux, et je suis sûre qu'elle sera folle de joie... Mais que je suis donc étourdie, monsieur l'abbé, j'apporte de l'huile vierge pour remplir les deux lampes du calênos, que mademoiselle doit allumer, et je les oublie.

— A propos, dame Dulceline, n'oubliez pas de bien remplir d'huile le bocal dans lequel j'ai mis infuser ces deux belles grappes de raisin, je veux essayer si l'expérience citée par M. de Mauconys se réalisera.

— Quelle expérience, monsieur l'abbé ?

— Ce docte et véridique voyageur prétend qu'en laissant pendant sept mois, dans un bocal d'huile vierge, des grappes de raisin cueillies le jour de la mi-septembre, l'huile acquerra une telle et si particulière propriété, que cette huile brûlant dans une lampe et jetant sa clarté sur une muraille ou sur un parquet, on apercevra sur cette muraille ou sur ce parquet des milliers de grappes de raisin [*] d'une couleur véritable, mais trompeuse comme des objets peints sur du verre.

Dame Dulceline allait témoigner de son admiration au bon et crédule chapelain, lorsqu'elle entendit dans la cour un bruit de carrosses et de chevaux qui annonçait le retour de Raymond V.

La femme de charge disparut précipitamment.

Une porte s'ouvrait.

Raymond V entrait dans la galerie avec plusieurs gentilshommes et plusieurs femmes de ses parents et de ses amis, qui avaient aussi assisté à la messe de minuit dans l'église paroissiale de la Ciotat.

Raymond V et les autres hommes étaient en habit de gala, les femmes aussi parées qu'elles pouvaient l'être, dans la nécessité où elles se trouvaient presque toutes, de venir et

[*] Voyage de Mauconys déjà cité.

de s'en retourner à cheval avec leurs maris, les carrosses étant extrêmement rares.

Quoique la physionomie de Raymond V fût toujours joyeuse et cordiale lorsqu'il recevait ses hôtes à sa Maison-Forte, une expression de tristesse voilait de temps en temps ses traits il avait perdu tout espoir de voir ses frères assister à cette fête de famille.

Les hôtes du baron allèrent admirer la crèche de dame Dulceline, le chapelain reçut les louanges de la compagnie avec autant de modestie que de reconnaissance.

Honorat de Berrol paraissait plus mélancolique que jamais.

Reine au contraire, soit qu'elle sentît le besoin de lui faire oublier à force d'amitié le refus de sa main qu'elle était bien décidée à lui faire, Reine regardait le jeune gentilhomme avec une affectueuse tendresse.

Néanmoins, Reine ressentait un embarras mortel; elle n'avait pas encore prévenu le baron de sa détermination de ne pas épouser Honorat. Elle avait seulement obtenu de son père que les fiançailles fussent retardées jusqu'au retour du commandeur et du frère

Elzéar, qui d'après leurs dernières lettres devaient arriver d'un moment à l'autre.

On ne tarissait donc pas d'éloges sur la crèche, lorsque le baron, s'approchant du groupe, dit à ses hôtes : — M'est avis mesdames, que nous ferions bien de commencer le *cachofué* * ; cette salle est humide et froide, et le feu ne demande qu'à flamber !

Oui, oui, le cachofué, baron !! — dirent gaîment les femmes. — Vous êtes acteur dans la cérémonie, ainsi cela dépend de vous.

— Hélas ! mes amis, j'espérais bien que cette cérémonie de nos pères aurait été plus complète, et que mon frère le commandeur m'aurait amené mon bon frère Elzéar. Mais il n'y faut plus songer... pour cette nuit du moins.

— Que le Seigneur fasse que le commandeur arrive bientôt avec sa galère noire — dit une des hôtesses du baron. — Ces maudits pirates que l'on redoute, le sachant dans le port, n'oseraient pas faire de descentes.

* Feu caché, on appelle ainsi la cérémonie qui consiste à apporter une bûche de Noël et à l'allumer chaque soir jusqu'au nouvel an ; on l'allume et on l'éteint afin qu'elle dure cet espace de temps.

— Au diable les pirates, ma cousine — s'écria gaîment Raymond V ! — Le guetteur les surveille du haut du cap de l'Aigle ; à son premier signal, toute la côte sera en armes : le port de la Ciotat est armé ; les bourgeois et les pêcheurs ne fêtent la Noël que d'une main, ils ont l'autre sur la crosse de leurs mousquets ; mes canons et mes fauconneaux sont chargés et prêts à faire feu sur la passe du port, si ces brigands de mer osaient s'y montrer, maujour ! mes hôtes et cousins, si j'avais pourtant obéi au maréchal de Vitry, à cette heure ma maison serait peut-être désarmée et hors d'état de secourir la ville.

— Et vous avez bien bravement fait, baron — dit le sieur de Serignol — d'agir ainsi. Maintenant l'exemple est donné, et le maréchal ne s'occupera plus de nos affaires.

— Maujour ! je l'espère bien ! car sans cela nous nous occuperions des siennes — dit le baron — mais où est mon jeune compère du cachofué — ajouta-t-il — je suis le plus vieux, il me faut le plus jeune pour aller chercher le calignaou *.

* La bûche de Noël.

— Voici le cher enfant, mon père — dit Reine en amenant un ravisant petit garçon de six ans, aux grands yeux bleus, aux joues roses, et que sa mère, cousine du baron, contemplait avec un certain orgueil mélangé de crainte, car elle tremblait qu'il ne se rappelât pas le rôle assez compliqué qu'il devait jouer dans cette cérémonie patriarcale.

— Sais-tu bien ce qu'il faut faire, mon petit César? — demanda Raymond V en s'abaissant près de l'enfant.

Oui, oui, monseigneur. L'an passé, chez mon grand-père, j'ai aussi apporté le calignaou —répondit l'enfant d'un air capable et résolu.

— *Le linot deviendra épervier*. Je vous en réponds, ma cousine—dit Raymond V, enchanté de l'assurance de l'enfant.

Raymond V le prit par la main, et, suivi de ses hôtes, il descendit à la porte de la Maison-Forte qui s'ouvrait dans la cour intérieure, afin de commencer la cérémonie du cachofué.

Tous les habitants du château, laboureurs, métayers, vignerons, pêcheurs, domestiques, femmes, enfants ou vieillards, étaient assemblés dans la cour.

Quoique la clarté de la lune fût assez vive, un grand nombre de torches de bois résineux attachées à des perches éclairaient cette scène et illuminaient de leurs reflets tous les bâtiments intérieurs de la Maison-Forte.

Au milieu de la cour étaient amoncelés les combustibles nécessaires à un immense bûcher auquel on devait mettre le feu au même instant où on allumerait le cachofué dans la salle du dais.

Raymond V parut; quatre laquais en casaque de livrée, portant des flambeaux de cire blanche, marchaient devant lui.

Il était suivi de sa famille et de ses hôtes.

A l'aspect du baron, des cris de : *Vive monseigneur!* retentirent à plusieurs reprises.

En dehors de la porte était couché à terre un olivier entier avec son tronc et ses branches.

C'était le calignaou, ou la bûche de Noël.

L'abbé Mascarolus en soutane et en surplis commença par bénir le calignaou, puis l'enfant s'approcha, suivi de Laramée.

Ce dernier, en costume de majordome, tenait sur un plateau d'argent une coupe d'or remplie de vin.

L'enfant prit la coupe dans ses petites mains et versa, par trois fois, quelques gouttes de vin sur le calignaou, en disant ces mots d'une voix douce et argentine :

> Allègre, Diou nous allègre,
> Cachofué ven, tou ben ven,
> Diou nous fague la grâce de veire l'an que ven,
> Se sian pas mai, que siguen pas men.
>
> Soyons joyeux, Dieu nous rende joyeux ;
> Cachofué vient, tout vient bien ;
> Dieu nous fasse la grâce de voir l'an prochain ;
> Si nous ne sommes pas plus, ne soyons pas moins.

Ces paroles naïves, prononcées par l'enfant avec une candeur charmante, furent écoutées avec un recueillement religieux.

Alors l'enfant trempa ses lèvres dans la coupe et l'offrit à Raymond V, qui l'imita.

La coupe circula ainsi de mains en mains parmi tous les membres de la famille de Raymond V, afin que chacun pût tremper ses lèvres dans le breuvage consacré.

Alors douze vigoureux bûcherons, vêtus de leurs habits de fête, enlevèrent le calignaou et le transportèrent dans la salle du dais, tandis que, pour la forme, Raymond V tenait à la main une des racines de l'arbre, l'enfant une de ses branches.

Le vieillard disant : — Les noires racines sont la vieillesse.

L'enfant disant : — Les branches vertes sont la jeunesse.

Les assistants ajoutant en chœur : — Dieu nous bénit tous, nous qui l'aimons, nous qui le servons.

Le calignaou, enlevé sur les robustes épaules des bûcherons, fut bientôt transporté dans le salon et placé en travers de l'immense foyer de la salle du dais.

L'enfant prit une torche de pin enflammée, l'approcha d'un amas de sarments et de pommes de pin ; une flamme immense, blanche, pétilla dans le vaste et noir foyer, et jeta une joyeuse clarté jusqu'au fond de la galerie.

— Noël !.... Noël ! — crièrent les hôtes du baron en frappant des mains.

— Noël !.... Noël ! — répétèrent les vassaux assemblés dans la cour intérieure.

Au même instant, le bûcher qui y était élevé s'enflamma au milieu des cris d'une joie folle et des tournoiements de la farandole.

Une dernière formalité remplie, le souper allait rassembler les hôtes.

Reine s'avança près de la crèche, Stéphanette lui apporta sur un plateau une grande sébille de bois remplie du blé de la sainte Barbe * déjà tout verdoyant.

La jeune fille posa la sébille au pied de la crèche et alluma de chaque côté de cette offrande deux petites lampes d'argent carrées, nommées lampes de calênos.

— Blé vert à la sainte Barbe, belle moisson dans l'année ! — s'écria le baron — qu'ainsi soit ma moisson et les vôtres, mes hôtes et cousins ! Maintenant à table ! à table ! et viennent les calênos de la Noël, qui rassemblent les amis et les parents.

Maître Laramée ouvrit les deux battants des portes qui donnaient dans la salle à manger et annonça le souper de monseigneur.

---

* Le 4 décembre, jour de la sainte Barbe, on sème des grains de blé dans une écuelle remplie de terre fréquemment arrosée. On expose cette terre détrempée à une température assez haute, et le blé lève. — S'il est vert, la moisson s'annonce comme belle; s'il est jaune, comme mauvaise.

Marchetti. — Usages marseillais déjà cités.

Il est inutile de parler de l'abondance de ce repas, en tout digne de l'hospitalité de Raymond V.

Seulement on fera remarquer que sur la table il y avait trois nappes selon l'usage.

Sur la plus petite, au milieu de la table, en manière de surtout, étaient les calênos ou présents de fruits et de gâteaux que les membres de la famille faisaient à son chef.

Sur la seconde, un peu plus grande et débordant la première, étaient rangés les mets nationaux les plus simples ; tels que le raïto, la bouille-abaisse, le thon salé, grillé.

Enfin, sur la troisième nappe qui couvrait le reste de la table, on voyait les mets les plus recherchés, disposés avec une abondante symétrie.

Nous laisserons les hôtes de Raymond V se livrer aux douces joies de cette fête d'une hospitalité patriarcale, parler des vieilles coutumes, s'animer en causant des franchises et des antiques privilèges, toujours si respectés, toujours si vaillamment défendus par ceux qui restent fidèles à ces touchantes et religieuses traditions des anciens temps.

Cette soirée paisible, heureuse, ne sera que trop tôt troublée par plusieurs événements auxquels nous allons initier le lecteur.

CHAPITRE XXIX.

L'ARRESTATION.

Pendant que Raymond V et ses hôtes soupaient gaiement, la troupe des gens de guerre signalée par le guetteur et qui se composait d'une cinquantaine d'hommes appartenant au régiment de Guitry, était arrivée presque à la porte de la Maison-Forte.

Le greffier Isnard, toujours suivi de son clerc, dit au capitaine Georges, qui commandait ce détachement :

— Il serait prudent, capitaine, d'essayer une sommation avant de tenter une attaque de vive force, pour nous emparer de la personne de Raymond V. Ils sont dans son repaire une cinquantaine de démons bien armés, derrière de bonnes murailles.

— Eh! que m'importent les murailles?

— Mais, outre les murailles, il y a un pont; et vous le voyez, capitaine, il est levé.

— Eh! que m'importe le pont! Si Raymond V refuse de le baisser, eh bien! mort-Dieu! mes carabins monteront à l'escalade; cela leur est arrivé plus d'une fois dans la dernière guerre! Nous attacherons, s'il le faut, un pétard à la porte... Bien entendu, greffier, que, quoiqu'il arrive, vous nous suivrez pour protester et pour verbaliser.

— Hum!... hum!... — fit l'homme de loi. — Sans doute, moi ou mon clerc, nous devons vous assister; je pourrai même, dans cette circonstance, reconnaître la bonne conduite et le zèle du susdit clerc en le chargeant de cette honorable mission.

— Mais, maître Isnard, c'est votre office et non le mien — dit le malheureux scribe.

— Silence, mon clerc! nous voici arrivés devant la Maison-Forte. Les moments sont précieux. Préparez-vous à suivre le capitaine et à m'obéir?

La troupe se trouvait, en effet, au bout de l'allée de sycomores qui débouchait sur l'hémicycle.

Le pont était levé, les fenêtres qui s'ouvraient sur la cour intérieure resplendissaient encore de lumières, car les hôtes du baron étaient partis depuis peu de temps.

— Vous le voyez, capitaine, le pont est levé ; et de plus, le fossé est large, profond et rempli d'eau — dit le greffier.

Le capitaine Georges examina attentivement les abords de la place; après quelques moments de silence, il tira violemment sa moustache gauche, signe certain de son désappointement.

Un factionnaire, placé dans l'intérieur de la cour, voyant briller des armes à la clarté de la lune, cria d'une voix forte :

— Qui va là ?... répondez ou je tire...

Le greffier recula trois pas, s'abrita derrière le capitaine, et répondit d'une voix haute :

— De par le roi et de par monseigneur le cardinal, moi maître Isnard, greffier de l'amirauté de Toulon, je vous somme de baisser ce pont.

— Vous ne voulez pas vous retirer! — dit la voix. — En même temps une vive lueur éclairant une des meurtrières qui défendaient la porte, il fut facile de juger que la sentinelle soufflait la mèche de son mousquet.

— Prends bien garde! — s'écria Isnard. — Ton maître sera responsable de ce que tu vas faire!

Cet avertissement fit réfléchir le soldat, il tira son coup de mousquet en l'air en criant d'une voix de stentor : — Alerte!... alerte!...

— Il a tiré sur les soldats du roi! — s'écria le greffier pâle de colère et d'effroi — C'est un cas de rébellion armée... j'en prends acte... clerc... prenez acte de ce fait.

— Non, greffier — dit le capitaine — il a aboyé, mais il n'a pas voulu mordre; j'ai vu la flamme du coup, il a tiré en l'air pour donner l'alarme.

Aux cris de la sentinelle, on vit par-dessus les murs la lueur de plusieurs flambeaux.

On entendit dans la cour des pas nombreux, précipités, et un grand cliquetis d'armes.

Enfin, maître Laramée, le morion en tête

et la poitrine armée d'une cuirasse, parut à une des embrasures de la porte.

— Par la mort-Dieu! que voulez-vous? — s'écria-t-il. — Est-ce donc l'heure de venir troubler de braves gens qui fêtent la Noël.

— Il s'agit d'un ordre du roi que nous venons mettre à exécution — dit le greffier. — Et.....

— J'ai encore du vin dans mon verre, greffier, bonsoir, je vais le vider — dit Laramée;

— seulement, souviens-toi des taureaux, et sache qu'une balle de mousquet atteint encore plus loin que leurs cornes; or donc, bonne nuit, greffier!

— Songe bien à ce que tu vas faire, insolent drôle — dit le capitaine Georges. — Il ne s'agit plus cette fois d'une poule mouillée de greffier, mais d'un coq de combat, qui a le bec dur et les éperons pointus, je t'en préviens.

— Le fait est, maître Isnard — dit humblement le clerc au greffier — que nous sommes à ce gendarme ce qu'est une citrouille à une balle d'artillerie.

Le greffier, déjà fort choqué de la comparaison du capitaine, repoussa rudement le clerc, et ajouta avec suffisance, en s'adressant à Laramée :

— Vous avez cette fois, à votre porte, le droit et la force, la main de justice et le glaive... Ainsi, majordome, je vous somme d'ouvrir et de baisser le pont.

Une voix bien connue interrompit le greffier : c'était celle de Raymond V, qu'on avait été prévenir de l'arrivée du capitaine.

Éclairé par Laramée, qui portait une torche, le vieux gentilhomme parut bientôt debout sur la petite plate-forme que formait l'entablement de la porte, masquée par le pont-levis.

La clarté vacillante du flambeau jetait des reflets rougeâtres jusque sur le groupe de soldats, et étincelait sur leurs hausse-cols et sur leurs casques de fer.

Le reste de la scène était à demi dans l'ombre, ou éclairé par la clarté de la lune.

Raymond V portait un habit de gala richement galonné ; ses cheveux blancs tombaient sur son collet. Rien n'était plus digne, plus imposant, plus résolu que son attitude.

— Que voulez-vous ? — dit-il d'une voix retentissante.

Maître Isnard répéta la formule de son réquisitoire, et conclut à ce que Raymond V, baron des Anbiez, fût appréhendé au corps, et conduit, sous bonne escorte, dans les prisons de la prévôté de Marseille, pour crime de rébellion aux ordres du roi, etc.

Le baron écouta le greffier dans un profond silence. Lorsque l'homme de loi eut terminé, des cris d'indignation, des huées et des menaces, poussés par les gens de la maison du baron, retentirent dans la cour intérieure.

Raymond V se retourna, réclama le silence, et répondit au greffier :

— Tu as voulu exercer, dans mon château, une visite illégale et contraire aux droits de la noblesse provençale ; je t'ai chassé de chez moi à coups de fouet. J'ai fait ce que j'ai dû. Or, maujour ! je ne puis me laisser appréhender au corps pour avoir fait ce que j'ai dû en châtiant un drôle de ton espèce. Maintenant, exécute les ordres dont tu es chargé ; je ne t'en empêche pas plus que je ne t'ai empêché de visiter mes magasins d'artillerie... Je regrette que mes hôtes m'aient quitté tout à l'heure, car ils auraient aussi protesté en leur nom contre l'oppression du tyranneau de Marseille.

Ce discours du baron fut accueilli avec des cris de joie par la garnison de la Maison-Forte.

Raymond V allait descendre de son piédestal, lorsque le capitaine Georges, qui avait le langage rude et les manières brusques d'un vieux soldat, s'avança sur le revers du fossé, il mit son chapeau à la main, et dit à Raymond V, d'un ton respectueux :

—Monseigneur, je dois vous prévenir d'une chose... c'est que j'ai avec moi cinquante soldats déterminés, et que je suis décidé, quoique à regret, à exécuter mes ordres.

— Exécutez-les, mon brave ami — dit le baron en souriant d'un air goguenard — exécutez. Votre maréchal veut essayer si ma poudre est bonne... il vous charge de l'éprouvette... Nous commencerons l'essai quand vous voudrez.

— Capitaine, c'est trop parlementer — s'écria le greffier — Je vous somme d'employer à l'instant même la force des armes pour vous rendre maître de ce rebelle aux ordres du roi notre maître, et de...

— Greffier, je n'ai pas d'ordre à recevoir de vous ; seulement, prenez garde de vous mettre entre la lance et la cuirasse, il pourrait vous en douloir.., — dit impérieusement le capitaine à maître Isnard.

Se retournant vers le baron, il lui dit avec autant de fermeté que de déférence :

— Une dernière fois, monseigneur, je vous supplie de bien réfléchir ; le sang de vos vassaux va couler ; vous allez faire tuer de vieux soldats qui n'ont aucune animosité contre vous ni contre les vôtres... et tout cela, monseigneur, permettez à une barbe grise de vous le dire franchement, tout cela parce que vous voulez vous rebeller contre les ordres du roi... Que Dieu vous pardonne, monseigneur, d'avoir causé la mort de tant de braves gens, et à moi de tirer l'épée contre un des plus dignes gentilshommes de la province ; mais je suis soldat, et je dois obéir aux ordres que j'ai reçus.

Ce noble et simple langage fit une profonde impression sur Raymond V ; il baissa la tête en silence, resta quelques moments pensif, puis il descendit tout-à-coup de la plate-forme.

On entendit quelques murmures, dominés par la voix retentissante du baron.

Au même instant le pont s'abaissa, la porte s'ouvrit; Raymond V parut, et dit au capitaine, en lui tendant la main d'un air à la fois imposant et cordial :

— Entrez, monsieur, entrez ; vous êtes un brave et honnête soldat. Quoique ma tête soit blanche, elle est quelquefois aussi folle que celle d'un page... J'ai eu tort... Vous devez en effet exécuter les ordres qu'on vous donne. Ce n'est pas à vous, c'est à monsieur le maréchal de Vitry à qui je dois dire ma pensée sur sa conduite envers la noblesse provençale. Ces braves gens ne peuvent pas être victimes de ma résistance. Demain, au point du jour, si vous le voulez bien, nous partirons pour Marseille, monsieur.

— Ah ! monseigneur — dit le capitaine, en serrant la main de Raymond V avec émotion, et en s'inclinant avec respect — c'est maintenant que je suis véritablement désespéré de la mission que j'ai à remplir.

Le baron allait répondre au capitaine, lorsqu'un bruit lointain, formidable, s'élevant dans les airs, attira l'attention de tous ceux qui remplissaient la cour de la Maison-Forte.

On eut dit le sourd mugissement de la mer en furie...

Tout-à-coup, une lueur immense éclaira l'horizon dans la direction de la Ciotat ; les cloches du couvent et de l'église commencèrent à sonner le tocsin.

La première idée qui vint au baron fut que le feu était à la ville.

— Le feu... — s'écria-t-il — le feu est à la Ciotat ! Capitaine, vous avez ma parole, je suis votre prisonnier ; mais courons à la ville... Vous avec vos soldats, moi avec mes gens, nous pouvons y être utiles.

— Je suis à vos ordres monseigneur...

A ce moment le son prolongé, retentissant de l'artillerie, fit trembler les échos de la plage... ébranla les vitres de la Maison-Forte...

— Du canon ! ce sont les pirates... Au diable le guetteur, qui nous laisse surprendre... Les pirates... Aux armes ! capitaine..., aux armes! Ces démons attaquent la ville... Laramée, mon épée... Capitaine, à cheval... à cheval! Vous m'emmènerez prisonnier demain; mais cette nuit, courons défendre cette malheureuse ville...

— Mais, monseigneur votre maison...

— Du diable s'ils s'y frottent... Laramée et vingt hommes la défendraient contre une armée entière. Mais cette malheureuse ville est surprise... Vite à cheval... à cheval!

Les grondements de l'artillerie devenaient de plus en plus fréquents, les cloches tintaient à grande volée ; une sourde rumeur arrivait jusqu'à la Maison-Forte; les flammes semblaient augmenter d'intensité.

Laramée apporta en toute hâte au baron son morion et une cuirasse. Raymond V prit le casque, mais ne voulut pas entendre parler de la cuirasse.

— Maujour! est-ce que j'ai le temps d'agrafer cet attirail!... Vite, qu'on m'amène Mistraoü — criait-il en courant vers l'écurie.

Il trouva Mistraoü bridé; mais voyant qu'on était trop longtemps à le seller, il le monta à poil, dit à Laramée de garder vingt hommes pour la défense de la Maison-Forte, lui recommanda sa fille, et, accompagné du capitaine, il prit en toute hâte le chemin de la Ciotat.

Les soldats et les vassaux armés du baron se mirent au pas de course, et suivirent de très près Raymond V et le capitaine Georges. Le greffier et son clerc, entraînés malgré eux dans le mouvement général, furent obligés de se joindre à la troupe.

CHAPITRE XXX.

LA DESCENTE.

A mesure que Raymond V et le capitaine approchèrent de la ville, ils virent plus distinctement les tourbillons de flammes qui s'en échappaient.

Les cloches continuaient de sonner à toute volée ; mille cris alors distincts se mêlaient aux éclats de la mousqueterie et au grondement de l'artillerie des galères.

En arrivant derrière les murs du couvent des Ursulines, situé à l'extrémité de la ville : — Capitaine — dit Raymond V — faisons halte un moment pour rassembler nos gens et convenir de nos opérations. Maujour !... je me sens tout rajeuni, le sang me bout dans les veines, je n'avais pas ressenti cela depuis les guerres du Piémont ; c'est qu'aussi un pirate est pire qu'un étranger ! tandis que dans les guerres civiles, on a toujours malgré soi le cœur un peu serré... Silence... — dit Raymond V à ses troupes.. — Ecoutons d'où vient le feu.

Après quelques minutes d'attention, le baron dit au capitaine : — Voulez-vous écouter mon conseil?

— Je suivrai vos ordres, Monseigneur, car je connais à peine la Ciotat.

Raymond V, s'adressant alors à l'un de ses gens, lui dit : — Tu vas conduire le capitaine et ses soldats au port, en tournant la ville... pour n'être pas aperçus. Une fois là, capitaine, s'il reste encore de ces démons à débarquer, vous les refoulerez dans leurs galères ; s'ils sont tous débarqués, vous attendrez qu'ils reviennent, afin de tâcher de leur couper la retraite; pendant ce temps-là, moi, je vais tâcher de vous les rabattre, comme une harde de sangliers.

— Dans quelle partie de la ville croyez-vous qu'ils soient, Monseigneur?

— Autant qu'on en peut juger par le bruit de la mousqueterie, ils sont sur la place de la maison-de-ville, occupés à piller les maisons des plus riches bourgeois... Ils n'oseront pas s'aventurer plus avant, ils sont sans doute en communication avec le port par une petite rue qui va de la place au débarcadère. Ainsi donc, capitaine, au port, au port! rejetons ces coquins plutôt encore dans la mer que dans leurs bâtiments; si Dieu me prête vie, je vous attendrai à la Maison-Forte après l'affaire, car je n'oublie pas que je suis votre prisonnier, Monsieur..... Au port, capitaine, au port!

— Comptez sur moi, Monseigneur — dit le capitaine en s'éloignant à la hâte dans la direction indiquée.

— Maintenant, mes enfants — dit le baron — du silence, marchons rapidement à la maison-de-ville et faites main-basse sur ces brigands... Notre-Dame! et en avant!

Raymond V descendit alors de cheval et s'engagea dans les rues de la Ciotat, à la tête d'une troupe déterminée, pleine de confiance dans son chef.

A mesure que Raymond V approchait du centre de l'action, il rencontrait çà et là des femmes qui poussaient des cris déchirants; fuyaient dans la direction de la montagne suivies de leurs enfants éplorés, et emportaient sur leurs têtes leurs objets les plus précieux.

Ailleurs des prêtres, des moines éperdus, saisis d'une terreur panique, quittant les maisons où ils fêtaient paisiblement la Noël, couraient se jeter au pied des autels et pouvaient à peine retrouver le chemin de leurs couvents.

Dans d'autres rues désertes, on voyait aux fenêtres, des hommes armés bien résolus à défendre leurs maisons et leurs familles, et se préparant à recevoir vigoureusement les pirates.

Raymond V n'était plus qu'à quelques pas de la place de la maison-de-ville, des nuées d'étincelles tourbillonnaient vers le ciel en pétillant, les rues que traversait la troupe du baron étaient éclairées comme en plein jour.

Il déboucha enfin sur la place.

Ainsi qu'il l'avait prévu, la principale action était engagée de ce côté.

Les pirates s'aventuraient rarement dans l'intérieur des rues afin d'être plus à portée de regagner leurs bâtiments.

Il est impossible de peindre le spectacle terrible qui frappa Raymond V.

A la lueur des flammes éblouissantes, une partie des pirates soutenait un combat acharné contre un bon nombre de pêcheurs et de bourgeois retranchés dans l'étage supérieur de la maison-de-ville.

D'autres corsaires, ne songeant qu'au pillage (ils appartenaient à la galère de Trymalcion), couraient comme autant de démons à travers l'incendie qu'ils avaient allumé; les uns chargés d'objets précieux, les autres emportant dans leurs bras robustes des femmes ou de jeunes filles qui jetaient des cris lamentables.

Le sol était déjà jonché de cadavres criblés de blessures, malheureuses victimes, qui témoignaient au moins d'une résistance désespérée de la part des habitants.

Presqu'au milieu de la place et non loin de

la petite rue qui conduisait au port, on voyait un amas confus de toutes sortes d'objets gardés par deux Maures.

Les pirates augmentaient à chaque instant cette masse de rapines en venant y jeter de nouveaux larcins, puis ils retournaient au pillage et au meurtre avec une nouvelle ardeur.

Le nombre des braves marins et de bourgeois qui se défendaient dans la maison-de-ville commençait à diminuer sensiblement sous les coups des spahis de Pog, comme lui plus altérés de sang que de pillage.

Armé d'une hache, Pog attaquait la porte avec furie; on voyait qu'il exposait volontairement sa vie : il ne portait ni casque, ni cuirasse, et était seulement vêtu de son yellek de velours noir.

Au fort de cette attaque, Raymond V arriva sur la place.

Sa troupe annonça sa présence par une décharge générale faite presqu'à bout portant sur les assaillants de la maison-de-ville.

Les pirates attaqués à l'improviste, se retournèrent et se jetèrent avec rage sur les gens du baron. Chaque parti abandonna les armes à feu. Une lutte corps à corps s'engagea ; la mêlée devint sanglante, terrible...

La bande de Trymalcion, voyant ce renfort inattendu, quitta le pillage, rallia les pirates de Pog, et entoura la petite troupe de Raymond V qui faisait des prodiges de valeur.

Le vieux gentilhomme semblait retrouver la force de ses jeunes années.

Armé d'un lourd épieu garni d'un fer aigu et acéré, il se servait de cette arme meurtrière, à la fois lance et massue, avec une force effrayante.

Quoique son morion fût faussé en plusieurs endroits, quoique son baudrier fût teint de sang, Raymond V, dans son enthousiasme guerrier, ne sentait pas ses blessures.

Entraîné par le flot des combattants, Pog se trouva tout-à-coup face-à-face avec le baron.

La figure pâle, hautaine, de Pog, sa longue barbe rousse, étaient trop remarquables pour n'avoir pas vivement frappé Raymond V.

Il reconnut dans ce pirate l'un des deux étrangers qui accompagnaient Érèbe lors de la rencontre des gorges d'Ollioules.

— C'est le Moscovite qui accompagnait le

jeune audacieux à qui je dois la vie — s'écria Raymond V; puis il ajouta en levant son épieu : — Ah! tu viens des glaces du nord; ours féroce! pour ravager nos provinces!

Et Raymond V lui porta un coup de son arme terrible en pleine poitrine.

Pog évita le coup par un brusque mouvement de retraite, mais il eut le bras traversé.

— Je suis Français comme toi — s'écria Pog le renégat avec un ricanement sauvage — et c'est du sang français dont je suis altéré! Pour que la mort te soit plus amère, apprends que ta fille est en mon pouvoir!

A ces mots terribles, Raymond V resta un moment stupéfait.

Pog profita de son inaction pour lui asséner sur la tête un terrible coup de hache d'armes... Raymond V, dont le casque fut brisé, chancela un moment comme un homme ivre... puis il tomba sans mouvement.

— Encore un de ces bœufs provençaux d'assommé! — dit Pog en brandissant sa hache.

— Vengeons notre seigneur — s'écrièrent les gens de Raymond V, et ils se jetèrent sur les pirates avec une telle furie qu'ils les refoulèrent vers la petite rue qui conduisait au port.

Bientôt renforcés par les marins qui avaient été assiégés dans la maison-de-ville, et que l'attaque de Raymond V venait de délivrer, les gens du baron eurent un avantage si marqué contre les Barbaresques, que les clairons de ceux-ci sonnèrent la retraite.

A ce signal, une partie des bandits se reforma en bon ordre au milieu de la place sous les ordres de Pog. Cette troupe fit une vigoureuse résistance pour donner aux autres pirates le temps de transporter leur butin à bord des galères, et d'y entraîner les femmes et les hommes qu'ils emmenaient esclaves.

En restant maître de la position qu'il défendait, Pog couvrait l'entrée de la petite rue qui conduisait au port, et assurait ainsi la retraite de la bande de Trymalcion occupée à traîner les captifs à bord des galères.

Pog, cédant le terrain pied à pied, se replia vers la petite rue, désormais sûr que sa communication avec le port et ses galères ne serait pas interceptée, et croyant pouvoir effectuer son rembarquement sans danger.

La rue était si étroite que vingt hommes déterminés pouvaient la défendre contre des forces dix fois plus considérables.

Le bruit de la retraite des pirates se répandit dans la ville; tous les habitants qui, retranchés dans leurs maisons, soit par crainte, soit pour veiller plus directement à leurs plus chers intérêts, n'avaient pas osé sortir, se hasardèrent dehors, et vinrent se joindre aux combattants dont le nombre augmentait ainsi à mesure que celui des pirates diminuait.

Pog, quoique blessé à la tête et au bras, continuait sa retraite avec une rare intrépidité.

Il n'était plus qu'à quelques pas de la petite rue, il se croyait sauvé. Il en fut autrement.

Les pillards, qui s'étaient dirigés vers le port pour regagner leurs galères, tombèrent dans l'embuscade du capitaine Georges.

Vivement attaqués par cette troupe fraîche, les pirates surpris se jetèrent en désordre dans la petite rue, au moment où Pog, abandonnant la place, y entrait par l'extrémité opposée.

Engagés dans cette voie étroite, dont les deux issues étaient encombrées d'assaillants, les pirates se trouvaient ainsi pris entre deux feux.

Du côté de la place ils étaient attaqués par les habitants et par la troupe du baron.

Du côté du port, par les carabins du capitaine Georges.

Trymalcion était resté à bord de sa galère, ayant temporairement celle de Pog sous ses ordres; il attendait sur ses rames et à une assez grande distance du quai le retour des caïques qui devaient ramener à bord le butin et les pirates.

Un pirate se jetant à la nage alla lui apprendre le danger que couraient ses compagnons. Trymalcion eut recours à un moyen extrême.

Il fit déferrer et armer une partie de la chiourme, approcha ses galères si près du quai que leur éperon lui servit de débarcadère, et à la tête de ce renfort il se jeta, en poussant de grands cris, sur la troupe du capitaine Georges.

A son tour, celui-ci se trouva pris entre deux feux.

La troupe de Pog, qui tenait toujours dans la rue, sûre d'être appuyée, fit un dernier effort, tourna sa rage contre les carabins, déjà pris à dos par les gens de Trymalcion, les perça, opéra sa jonction avec ce dernier; et, après une assez grande perte, les pirates se rembarquèrent en toute hâte, emmenant pourtant plusieurs prisonniers au nombre desquels se trouvaient maître Isnard et son clerc.

Les plus hardis des marins et des bourgeois, et presque tous les carabins du capitaine Georges, se jetèrent dans des barques pour poursuivre les barbaresques.

Malheureusement l'avantage était du côté des galères.

Leurs dix pièces d'artillerie foudroyèrent les barques qui voulurent s'approcher d'elles; puis les galères firent force de rames, gagnèrent rapidement la sortie du port, et se préparèrent à doubler la pointe de l'île Verte.

Pog se tenait debout à l'arrière de la *Gallione rouge;* il était pâle, ses cheveux et ses vêtements étaient ensanglantés; il jetait un regard de sombre triomphe sur les flammes qui s'élevaient encore au centre de la ville.

Tout-à-coup, un coup de canon retentit,

un boulet siffla au-dessus de sa tête, et emporta une partie de la poupe de sa galère.

Pog se retourna vivement ; un second boulet emporta quatre forçats et vint briser une des espales.

Au petit nuage de fumée blanchâtre qui couronnait la terrasse crenelée de la Maison-Forte, qu'on voyait dans le lointain à la clarté de la lune, le pirate reconnut de quel endroit arrivaient ces projectiles.

Avec son habitude de la guerre, il s'aperçut à la grande distance du point de tir, que les boulets devaient avoir été lancés par une couleuvrine de gros calibre, et que, conséquemment, il ne pouvait rendre à la Maison-Forte le mal que lui faisait sa batterie, l'artillerie de la *Gallione rouge* étant loin de pouvoir atteindre à cette portée.

Les premiers coups furent suivis de plusieurs autres, non moins heureux, qui causèrent beaucoup d'avaries, soit à bord de la *Gallione rouge*, soit à bord de la *Sybarite*.

— Enfer et damnation ! — s'écria Pog — tant que nous n'aurons pas doublé la pointe de la baie, nous serons sous le feu de cette masure... Forcez de rames... chiens — s'écria-t-il, en s'adressant à la chiourme — forcez de rames, sinon, une fois à Tripoli, je vous fais couper les bras à la hauteur des épaules.

La chiourme n'avait pas besoin de cet encouragement pour redoubler d'efforts ; les cadavres des forçats tués et encore enchaînés aux bancs où ramaient leurs compagnons, prouvaient aux esclaves le danger qu'ils couraient à rester sous le feu de cette coulevrine meurtrière.

Cette pièce continua cependant de tirer avec une si merveilleuse adresse, qu'elle mit encore plusieurs boulets à bord des deux galères.

— Mort et furie — s'écria Pog ; — une fois hors du chenal, j'irai mouiller au pied des rochers, à demi-portée de mousquet, et il ne restera pas pierre sur pierre de la maison où cette coulevrine est en batterie.

— Impossible, maître Pog — dit un Français, renégat provençal qui servait de pilote — les roches noires s'étendent à fleur d'eau à plus d'une demi-lieue de la côte ce serait sûrement perdre votre galère que d'essayer d'approcher plus près de la Maison-Forte.

Le pirate fit un geste de rage, et se promena sur le pont avec agitation.

Enfin les deux galères sortirent de la passe dangereuse où elles étaient engagées. Le feu de l'artillerie de la Maison-Forte leur avait mis plusieurs hommes hors de combat, et leur avait causé des avaries assez majeures pour qu'elles fussent obligées de relâcher promptement dans quelque hâvre de la côte avant de pouvoir faire voile pour Tripoli.

La *Sybarite* avait reçu plusieurs boulets au-dessous de sa flottaison, et la *Gallione rouge* avait eu son arbre coupé.

Lorsqu'ils eurent complètement doublé le promontoire du cap de l'Aigle, le maître charpentier de la galère, renégat calabrais, homme d'un grand courage et très bon marinier, s'avança d'un air sombre vers Pog-Reis.

— Capitaine — lui dit-il — j'ai paré autant que je l'ai pu aux deux voies d'eau de la carène ; mais elles sont trop considérables pour ne pas exiger un complet radoub: s'il faisait gros temps, nous ne tiendrions pas la mer deux heures avec de telles avaries.

Pog ne répondit rien, marcha quelques moments sur le pont avec agitation, puis il appela le pilote et lui dit :

— Ne pouvons-nous pas aller mouiller un jour ou deux aux îles de Sainte-Marguerite ou de Saint-Honorat. On dit ces îles désarmées... tu as quitté la côte, il a y un an... est-ce vrai?

— C'est vrai — dit le pilote.

— Il doit y avoir un bon mouillage entre les îlots de Pierès et de Saint-Fériol, au vent de l'île Saint-Honorat? — demanda Pog, qui connaissait ces atterrissements.

— Oui, capitaine, la côte est si haute, le hâvre si abrité par les roches que forment ces îlots, que les galères seront encore mieux cachées là qu'à Porte-Cros.

— Il n'y a pas, je crois, cinquante habitants dans l'île? — demanda Pog.

— Pas plus, capitaine, et vingt hommes en auraient raison; il y a même une plage très commode pour abattre la galère en carène, si cela est nécessaire.

— Alors, fais gouverner sur ces îles, nous devons en être éloignés de vingt-cinq lieues?

— De trente lieues, capitaine.

— C'est beaucoup pour les voies d'eau que

nous avons; mais c'est encore la relâche la plus sûre; nous y serons dans la journée... si le vent nous favorise.

La galère de Trymalcion, ainsi que le chebek, imitèrent la manœuvre de la *Gallione rouge*, et les trois bâtiments firent force de voiles vers l'île de Saint-Honorat, située sur la côte de Provence, à peu de distance de Cannes.

Ces ordres donnés, Pog énuméra les pertes que son équipage avait faites; elles étaient assez nombreuses: dix-sept soldats avaient été tués à la Ciotat, et on comptait à bord un aussi grand nombre de blessés.

La coulevrine de la Maison-Forte avait, en outre, ainsi que nous l'avons dit, tué cinq forçats.

On déferra les cadavres, on les jeta à la mer; on les remplaça par cinq soldats.

Les blessés furent plus ou moins bien pansés par un Maure, qui remplissait les fonctions de chirurgien.

Pog avait deux blessures, l'une à la tête, l'autre au bras.

L'épieu du baron lui avait fait cette dernière

plaie, elle était assez profonde; mais celle de la tête n'offrait aucune gravité.

Le Maure, qui remplissait les fonctions de chirurgien, mit le premier appareil sur les plaies. Ce pansement venait d'être terminé, lorsque le chebek d'Érèbe, arrivant sous toutes voiles, s'approcha de la galère de Pog et le rangea à portée de voix.

CHAPITRE XXXI.

LE CHEBEK.

Nous retournerons maintenant quelque peu sur nos pas, pour apprendre au lecteur quelles furent les manœuvres de ce chebek pendant l'attaque de la Ciotat, attaque à laquelle il ne prit pas part. Nous dirons aussi comment Reine des Anbiez était tombée au pouvoir d'Érèbe.

Le bohémien, après avoir endormi le guetteur du cap de l'Aigle au moyen d'un narcotique, était descendu sur la plage, et avait gagné la pointe de terre derrière laquelle les galères et le chebek des pirates attendaient son arrivée selon les avis qu'il avait envoyés à Pog-Reis par son second pigeon.

Hadji, quoiqu'il fît assez froid, se mit bravement à la nage, et atteignit bientôt la *Gallione rouge*, qui était sur ses rames à une très petite distance de la côte.

Après une longue conversation avec Pog-Reis, auquel il donna les derniers renseignements pour assurer le succès de sa descente à la Ciotat, le bohémien, suivant les ordres de Pog, se rendit à bord du chebeck, commandé par Érèbe.

Ce bâtiment devait rester étranger à l'action, et seulement s'approcher de la Maison-Forte, pour servir à l'enlèvement de Reine des Anbiez.

Une fois la jeune fille au pouvoir d'Érèbe, le chebek avait ordre de faire un signal, ensuite duquel les galères des pirates commenceraient leur attaque sur la ville.

Pendant le combat, le chebek devait servir d'éclaireur et croiser au large, afin de donner l'alarme aux barbaresques, si par hasard les galères royales de monsieur de Brézé apparaissaient dans l'ouest.

Ces dispositions prises, le chebek s'éloignant des galères, et doublant le promontoire, guidé par le bohémien, qui connaissait parfaitement les localités, s'était avancé vers la ceinture de rochers qui s'étendaient au pied de la Maison-Forte.

A la suite de sa conversation de la veille avec Pog, Érèbe avait été pris d'un accès de tristesse profonde.

Dans l'un de ces fréquents et amers retours sur lui-même, il avait vu sa conduite sous son véritable jour; il s'était ému de pitié en songeant aux malheurs qui allaient fondre sur cette petite ville alors si tranquille, et presque sans défense.

Lorsqu'il s'agit de distribuer les postes de combat, il avait formellement déclaré à Pog qu'il ne s'associerait pas à ce nouvel acte de brigandage.

Pog, qui voulait toujours le pousser au mal, ne contraria pas cette résolution, l'encouragea même, et conseilla à Érèbe de profiter de cette occasion pour enlever mademoiselle des Anbiez.

En conséquence, il lui laissa toute liberté de manœuvre pour exécuter ce projet.

Érèbe accepta; il avait ses desseins.

Depuis sa singulière entrevue avec Reine, depuis surtout que le rapport d'Hadji avait pu lui faire croire qu'il était aimé, sa passion pour cette jeune fille s'était chaque jour augmentée.

Le bohémien, en lui vantant la douceur, les charmes, l'esprit, l'élévation de caractère de mademoiselle des Anbiez, avait fait naître dans l'esprit d'Érèbe de vagues et de nobles espérances.

Sa dernière conversation avec Pog le détermina à tout risquer pour les réaliser.

Il avait jusqu'alors souvent entendu Pog se livrer à ses accès de misanthropie farouche ; mais jamais la méchanceté de cet homme, jamais ses mépris pour l'humanité ne s'étaient si cruellement révélés.

Ne se trouvant plus attaché à lui par aucun lien, il résolut de saisir la première occasion d'échapper à son influence.

Il affecta donc, quelques heures avant l'entreprise, une gaîté brutale et licencieuse, en parlant du rapt qu'il allait commettre.

Pog fut ou parut dupe de ces démonstrations. Ainsi que nous l'avons dit, il donna à

Érèbe entière liberté de manœuvre pour lui faciliter l'enlèvement de Reine.

Érèbe, bien décidé à profiter de ces circonstances, se proposa donc, avec l'aide d'Hadji, de se rendre maître de mademoiselle des Anbiez.

Sans doute cette action était criminelle; mais ce malheureux jeune homme, élevé pour ainsi dire en dehors de la société, ne connaissant que la violence de ses désirs, aimant passionnément, et se croyant non moins passionnément aimé, ne pouvait hésiter un moment devant cette détermination.

Dès qu'il fut en vue de la Maison-Forte, il laissa son chebek en panne à quelque distance, et descendit dans une barque légère avec Hadji et quatre rameurs déterminés.

Le bohémien avait mis à profit son séjour sur la côte.

Il dirigea parfaitement l'embarcation à travers les écueils et les récifs; la chaloupe fut amarrée à l'abri d'un rocher.

A ce moment les hôtes de Raymond V le quittaient, le repas de la Noël étant terminé. A ce moment le greffier Isnard, assisté du capitaine Georges, n'était pas encore venu pour arrêter le vieux gentilhomme.

Érèbe, Hadji et deux rameurs mirent pied à terre, et s'avancèrent avec précaution jusqu'au pied du mur crénelé de la Maison-Forte.

On se souvient que le bohémien l'avait souvent escaladé, en apparence pour faire montre de son adresse aux yeux de Stéphanette et de Reine.

Il faisait clair de lune, mais l'ombre projetée par les bâtiments avait couvert la descente et la marche des pirates.

Un factionnaire qui se promenait sur la terrasse ne s'aperçut de rien.

Les fenêtres de la galerie du château flamboyaient, mais celles de l'oratoire de Reine étaient obscures.

Hadji pensa avec raison que mademoiselle des Anbiez ne s'était pas encore retirée chez elle.

Il proposa à Érèbe d'attendre le moment où Reine regagnerait son appartement, d'escalader alors la muraille, de poignarder le factionnaire, et une fois maîtres de la terrasse, de monter sur le balcon, comme le bohémien l'avait souvent fait.

En cassant un carreau, on ouvrait la fenêtre ; après avoir étouffé les cris de mademoiselle des Anbiez, en la bâillonnant, l'on s'en rendait maîtres, et on la descendait par la fenêtre, sur la terrasse, et de la terrasse sur les rochers, au moyen d'une sorte de ceinture imaginée pour embarquer et débarquer les esclaves récalcitrants, et dont le bohémien s'était provisoirement muni.

En cas d'alarme, les pirates comptaient sur leur adresse et sur leur intrépidité, pour fuir par les mêmes moyens, sûrs d'ailleurs de regagner leur barque avant que les hôtes de la Maison-Forte eussent pu sortir du château, et faire le tour des murailles pour arriver à la grève, et s'opposer à leur rembarquement.

Le plan fut accepté par Érèbe, qui seulement s'opposa à ce que le factionnaire fut tué.

Les quatre pirates se préparèrent à l'escalade. La sentinelle se promenait du côté opposé à celui par lequel on devait monter sur la terrasse.

Hadji, suivi de l'un de ses compagnons, gravit donc la muraille, à l'aide des trous formés par le temps, et des longs rameaux de lierre enracinés dans les creux des pierres.

Arrivés au sommet du mur, les pirates s'aperçurent avec joie que la guérite, se trouvant entre eux et la sentinelle, devait ainsi les cacher un moment à sa vue.

Ce moment était précieux, ils sautèrent sur le terre-plein.

A l'instant où le soldat, dans sa marche régulière, revint devant la guérite, Hadji et son compagnon se jetèrent sur lui, avec la rapidité de l'éclair.

Hadji lui mit ses deux mains sur la bouche pendant que son compagnon s'emparait de son mousquet; puis, à l'aide d'un *tap* * dont Hadji était muni, ils eurent bientôt bâillonné la sentinelle, dont ils enchaînèrent les mouvements au moyen d'une longue et forte écharpe de coton.

Alors Hadji jeta une corde à nœuds à Èrèbe.

---

* Sorte de bâillon fait de liége, dont on se servait pour bâillonner les forçats souvent pendant le combat pour empêcher leurs cris.

Celui-ci fut en un instant sur la terrasse; il était alors environ une heure du matin.

Hadji savait qu'on ne relevait les postes qu'à deux heures.

Tout-à-coup les fenêtres de la chambre de l'oratoire de Reine s'éclairèrent.

Cachés à l'ombre de la guérite, Hadji et Érèbe délibérèrent un moment sur ce qu'ils avaient à faire.

Le bohémien proposa d'escalader seul le balcon dont la longueur dépassait de beaucoup la largeur de la croisée, de s'y cacher, d'épier à travers les vitres quel serait le meilleur moment d'agir, et d'en prévenir Érèbe par un signe.

Celui-ci adopta le projet, mais voulut s'y associer.

Hadji monta donc le premier, jeta l'échelle de cordes à Érèbe, tous deux s'embusquèrent de chaque côté de la croisée.

Érèbe allait s'aventurer à regarder par les carreaux, lorsque les battants de la fenêtre qui se projetaient en dehors, s'ouvrirent doucement, et Reine s'avança sur le balcon.

Érèbe et Hadji se trouvèrent ainsi un moment masqués par les vitraux.

La jeune fille, triste, soucieuse, voulait jouir un moment de cette belle et paisible nuit.

Les instants étaient précieux, l'occasion si favorable que la même idée vint au bohémien et à Érèbe.

Fermant vivement derrière Reine les ventaux de la fenêtre qui les cachaient, les deux pirates la saisirent, avant qu'elle ait pu pousser une plainte.

Qu'on juge de son effroi, de sa douleur, lorsqu'elle reconnut dans son ravisseur l'étranger des roches d'Ollioules.

Érèbe mit dans la faible lutte qui s'engagea entre lui et la malheureuse fille tous les ménagements possibles, en s'excusant sur la violence de son amour...

En moins de temps qu'il ne faut pour l'écrire, mademoiselle des Anbiez fut entourée d'une sorte de ceinture qui lui ôtait tout mouvement.

Érèbe, ne pouvant se servir de ses mains pour descendre l'échelle à nœuds, puisqu'il emportait Reine dans ses bras, se fit attacher, par Hadji, une corde autour du corps ; à mesure qu'il descendait un échelon de l'échelle, le bohémien laissait doucement couler la corde qui soutenait le ravisseur.

Érèbe, tenant toujours ainsi Reine dans ses bras, atteignit le pied de la muraille.

Hadji allait à son tour quitter le balcon, lorsque Stéphanette entra dans la chambre, en s'écriant : — Mademoiselle ! mademoiselle... le greffier et des hommes d'armes viennent pour arrêter monseigneur...

A ce moment, maître Isnard et le capitaine Georges venaient en effet sommer Raymond V de les suivre.

Ne trouvant pas sa maîtresse dans sa chambre, et voyant la fenêtre ouverte, Stéphanette y courut.

Le bohémien, qui s'était aperçu du danger que pouvait causer la présence de Stéphanette, s'était brusquement caché.

Celle-ci, étonnée de ne pas voir sa maîtresse, s'avança sur le balcon. Le bohémien ferma vivement la fenêtre derrière la jeune fille, et lui mit la main sur la bouche.

Quoique surprise et effrayée, Stéphanette

tâcha de se délivrer des mains du bohémien qui, pouvant à peine la contenir, cria à voix basse à Érèbe :

— A l'aide ! à l'aide ! cette diablesse est forte comme un petit démon ; elle mord comme une chatte en furie ; si elle crie, tout est perdu.

Érèbe, ne voulant pas quitter Reine, ordonna à l'autre pirate d'aller au secours d'Hadji.

En effet, Stéphanette, beaucoup plus hardie que sa maîtresse, ayant des habitudes un peu plus mâles que mademoiselle des Anbiez, faisait une héroïque et vigoureuse résistance ; elle parvint même, en aisant usage de ses jolies dents, à faire lâcher prise à Hadji, et à pousser quelques cris.

Malheureusement la fenêtre était fermée, ses plaintes ne furent pas entendues.

Le second pirate vint en aide au bohémien ; malgré ses efforts, la fiancée du digne capitaine Trinquetaille subit le sort de sa maîtresse, elle fut affalée sur la terrasse par les deux ravisseurs, avec un peu moins de cérémonie que mademoiselle des Anbiez.

Une fois sur le terre-plein du rempart, l'entreprise ne pouvait plus rencontrer de difficulté sérieuse. En effet, les deux jeunes filles furent descendues le long de la muraille, à l'aide des précautions et des moyens déjà employés pour les descendre du balcon.

Érèbe et Hadji gagnèrent la chaloupe qui les attendait, et les deux captives étaient à bord du chebek, que les hôtes de la Maison-Forte ne soupçonnaient pas encore l'enlèvement de Reine et de sa suivante.

Tout jusque-là avait été au gré des désirs d'Érèbe.

Reine et Stéphanette, délivrées de leurs liens, furent respectueusement déposées dans la cabine du chebek qu'Érèbe avait fait arranger avec toute la recherche possible.

Le premier mouvement de stupeur et d'effroi passé, Reine reprit toute la fermeté, toute la dignité qui la caractérisaient.

Stéphanette, au contraire, après avoir vaillamment résisté, cédait à un accablement presque désespéré.

Lorsque Érèbe se présenta devant elles, Stéphanette se précipita à ses genoux, en pleurant.

Reine garda un sombre silence, et ne daigna pas même jeter un regard sur son ravisseur.

Érèbe alors fut presque effrayé de la réussite de sa tentative. Il subit encore l'influence des bons et des mauvais instincts qui luttaient en lui. Ce n'était pas un audacieux ravisseur, c'était un enfant timide.

Le sombre silence, l'air à la fois digne et profondément irrité de Reine, l'imposaient et le désolaient à la fois.

Hadji, pendant tout le temps de leur fatale expédition, avait constamment répété à Érèbe que Reine l'aimait passionnément, et que le premier moment de honte et de colère passé, il trouverait la jeune fille remplie de tendresse et même de reconnaissance : il fit donc un effort de courage, s'approcha de Reine avec une aisance effrontée et lui dit :

— Après l'orage le soleil... demain vous ne penserez plus qu'à la chanson de l'émir et mon amour séchera vos larmes...

En disant ces mots, Érèbe voulut prendre une des mains que la jeune fille tenait toujours sur son visage...

— Misérable ! n'approchez pas... — s'écria Reine en le repoussant avec effroi et en lui jetant un regard dédaigneux, si irrité... qu'Érèbe n'osa faire un pas.

Un voile lui tomba des yeux. L'accent, l'émotion, l'indignation de Reine étaient si sincères, qu'en un instant il perdit tout espoir. Il vit ou plutôt il crut qu'il s'était grossièrement trompé, que la jeune fille n'avait jamais rien ressenti pour lui.

Dans sa douloureuse surprise, il tomba aux genoux de Reine, et les mains jointes, il s'écria de la voix la plus douce et la plus touchante.

— Vous ne m'aimez donc pas ?

— Vous... vous...

— Oh ! pardon... pardon, mademoiselle — dit Érèbe toujours à genoux, toujours en joignant les mains, et il ajouta avec une ingénuité charmante. — Mon Dieu... pardonnez-moi, je croyais que vous m'aimiez... Eh bien, non, non, ne vous fâchez pas... je le croyais, le bohémien me l'avait dit... sans cela je n'aurais pas fait ce que j'ai fait...

Sans la gravité des circonstances, on n'aurait pu s'empêcher de sourire en voyant ce jeune pirate, naguère si hardi, si résolu, alors tremblant et baissant les yeux sous le regard irrité de Reine.

Stéphanette, frappée de ce contraste, malgré son chagrin, ne put s'empêcher de dire : — Mais, c'est qu'à l'entendre... on croirait qu'il s'agit d'une espièglerie de page, de quelque ruban ou de quelque bouquet dérobé... fi... fi, Monsieur... vous êtes un païen, un monstre...

— Ah !... c'est affreux... affreux... Et mon père... mon pauvre père — s'écria Reine en ne pouvant retenir ses larmes qui coulaient avec abondance.

Cette douleur, si vraie, navra le cœur d'Érèbe, il sentit toute l'étendue de son crime.

— Oh ! par pitié... par pitié ne pleurez pas ainsi — s'écria-t-il, les yeux baignés de larmes. — Je reconnais mes torts... Dites, que voulez-vous que je fasse pour les expier ?... je le ferai, ordonnez, ma vie est à vous...

— Ce que je veux... c'est que vous me fassiez remettre à terre, à l'instant même... Et mon père... mon père, s'il s'est aperçu de cet enlèvement; quel coup affreux pour lui... C'est peut-être encore un crime que vous aurez à vous reprocher...

— Accablez-moi... je l'ai mérité ; mais au moins n'oubliez pas que j'ai sauvé la vie de votre père.

Et qu'importe, que vous la lui ayez sauvée pour la lui faire maintenant si malheureuse... Ce n'est plus pour vous bénir, mais pour vous maudire que je penserai à vous désormais...

— Non, non — s'écria Érèbe en se relevant. — Non, vous ne me maudirez pas... Vous direz, vous direz bientôt que votre vue, que vos paroles on arraché un malheureux à l'abîme d'infamie où il allait s'engloutir à jamais... Écoutez... cette ville est maintenant paisible, D'affreux malheurs la menacent... Les pirates sont proches... Qu'un signal parte de ce chebek... la mort, le pillage et l'incendie vont désoler cette côte...

— Mon Dieu !... mon Dieu ! et mon père !... — s'écria Reine.

— Rassurez-vous, ce signal ne sera pas donné... Cette ville, je la sauverai... Vous êtes en mon pouvoir... A l'heure même, je vais vous reconduire à terre. Eh bien, alors... dites... si je fais cela — reprit Érèbe avec un accent de tristesse profonde — penserez-vous quelquefois à moi sans courroux et sans mépris?

— Je ne remercierai jamais Dieu de m'avoir rendu à mon père, sans penser avec reconnaissance au sauveur du baron des Anbiez — dit Reine avec dignité.

— Et Érèbe sera digne de votre souvenir! — s'écria le jeune pirate — Je vais tout préparer pour votre départ et je reviens vous chercher.

Il monta précipitamment sur le pont.

Le chebek était toujours en panne. On voyait au loin les deux galères. Quoique le chebek appartînt à Pog-Reis, Érèbe, depuis trois ans, commandait ce bâtiment; il croyait avoir gagné l'affection de l'équipage. Il monta donc sur le pont. Hadji allait allumer une fusée, signal convenu entre Pog et Érèbe, pour annoncer que mademoiselle des Anbiez était à bord du chebek, et qu'on pouvait commencer l'attaque de la Ciotat.

— Arrête dit, Erèbe à Hadji, ne donne pas encore le signal. Depuis long-temps tu m'es dévoué ; encore dernièrement, aujourd'hui même, tu m'as fidèlement servi. Ecoute-moi.

— Parlez promptement, Seigneur Érèbe, car Pog-Reis attend le signal, et si je tarde à l'exécuter, il me fera chevaucher sur le coursier de sa galère, avec un boulet à chaque pied, pour me tenir en équilibre.

— Si tu m'obéis, tu n'auras rien à craindre. Cette vie de meurtre et de brigandage m'est odieuse ; les hommes que je commande sont moins féroces que leurs compagnons ; ils m'aiment ; ils ont confiance en moi, je puis leur proposer d'abandonner les galères. Le chebek leur est supérieur en vitesse. Après une expédition dont je te parlerai tout à l'heure, nous ferons à l'instant voile pour l'Orient, pour l'Archipel grec ; arrivés à Smyrne, nous nous mettrons à la solde du bey : au lieu d'être pirates ; nous deviendrons soldats ; au lieu d'égorger de malheureux marchands sur le pont de leurs navires, nous combattrons des hommes. Veux-tu me seconder ?

Hadji avait toujours à la main sa mèche allumée ; l'approchant de sa bouche, il aviva son feu avec un imperturbable sang-froid, et dit à Érèbe : — Ce sont là tous vos projets, Seigneur Érèbe ?

— Non, ce n'est pas tout..... Pour empêcher les nouveaux crimes que Pog-Reis médite, nous allons nous mettre sous voile, nous approcher des galères, et crier avec effroi que nous venons de voir à l'horizon les feux des galères du roi de France; on les sait à Marseille... on redoute leur venue, on nous croira facilement. Pog-Reis prendra la fuite devant ces forces si supérieures, et cette malheureuse ville échappera au moins cette fois au sort horrible qui la menace. Eh bien ! que dis-tu de mon projet ? Tu as de l'influence sur l'équipage, seconde-moi.

Hadji souffla de nouveau sa mèche, regarda fixement Érèbe, et pour toute réponse, avant que celui-ci ait pu l'en empêcher, il mit le feu à la fusée qui devait servir de signal à l'attaque des pirates.

Elle s'élança dans l'espace comme un funeste météore.

Presque au même instant on entendit gronder le canon des pirates, et la descente à la

Ciotat fut effectuée ainsi que nous l'avons raconté.

— Misérable ! — s'écria Érèbe en se précipitant avec rage sur Hadji.

Celui-ci, d'une force supérieure à celle du jeune homme, se délivra de ses mains, et lui dit avec un mélange d'ironie, de respect et d'attachement :

— Écoutez, seigneur Érèbe ; ni moi, ni ces braves gens, nous n'avons encore envie de changer notre liberté contre la discipline des beyliks. La mer est à nous dans toute son immensité ; nous aimons mieux être le fier coursier qui a pour carrière le désert sans fin, que le cheval aux yeux bandés qui use sa vie à tourner dans un manége pour tirer de l'eau d'un puits. Or, le service d'un beylik comparé à notre vie aventureuse n'est pas autre chose. En un mot, nous sommes des diables, et nous ne nous trouvons pas encore assez vieux pour nous faire ermites, comme disent les chrétiens. Le métier nous plaît ainsi ; nous n'abandonnerons pas la liberté pour la prison.

— Soit, tu es un scélérat endurci, je te croyais de meilleurs sentiments..... tant pis pour toi, l'équipage m'est attaché, il m'écoutera, et me prêtera main forte pour me débarrasser de toi, si tu oses t'opposer à mes projets.

— Par Éblis ! que dites-vous, Seigneur Érèbe ? — s'écria le bohémien d'un air ironique. — Me traiter ainsi, moi, qui, pour vous servir, ai chanté à votre belle la chanson de l'émir ! moi qui ai consenti à faire le vil métier de chaudronnier ! moi qui me suis profané jusqu'à aider dame Dulceline à élever une espèce d'autel au Dieu des chrétiens ! moi qui, pour vous servir, ai remis la patte du lévrier de Raymond V ! moi qui enfin ai consenti à ferrer le cheval de ce vieil ivrogne !

— Tais-toi, misérable ! pas un mot de plus sur ce malheureux père à qui je porte peut-être maintenant un coup si douloureux ! Réfléchis bien, je vais parler à l'équipage, il m'écoutera ; il en est temps encore, rallie-toi à moi, redeviens honnête homme.

— Écoutez, seigneur Érèbe ; vous me proposez de redevenir honnête homme ? je vais vous répondre en poète et en chaudronnier. Quand les années ont entassé une rouille épaisse et corrosive sur un vase de cuivre, et que cette rouille y a été bronzée par le feu... on frotterait mille ans et plus sans parvenir à éclaircir ce vase et à lui redonner, non pas son éclat et sa pureté première, mais seulement un aspect un peu moins noir que les ailes d'Éblis !!! Eh bien ! voilà où nous en sommes, moi et mes compagnons, nous sommes bronzés par le mal. N'essayez donc pas de nous débaucher au bien... vous ne serez ni compris, ni obéi.

— Je ne serai pas compris, soit, mais je serai obéi.

— Vous ne serez pas obéi si vos ordres contrarient certaines instructions que Pog-Reis a données à l'équipage avant que de partir de Porte-Cros.

— Des instructions ! Tu mens comme un chien.

— Écoutez, seigneur Érèbe — dit Hadji avec un inaltérable sang-froid, — quoique je ne veuille pas rentrer dans le bon chemin, je vous aime à ma façon, je veux vous empêcher de faire une fausse démarche. Pog-Reis... depuis une certaine conversation, m'a-t-il dit, se défie de vous. Tout à l'heure, lorsque du haut du cap de l'Aigle, où j'avais endormi le vieux guetteur, j'ai vu nos galères s'avancer, je suis descendu sur la plage, et je me suis rendu à bord de la *Gallione rouge ;* là j'ai eu à votre sujet un entretien secret avec Pog-Reis.

— Traître !.... Pourquoi m'avais-tu caché cela ?

— Le sage sur deux actions en cache trois. Pog-Reis m'a dit qu'il avait prévenu l'équipage et qu'il me prévenait que les ordres qu'il t'avait donnés étaient ceux-ci : — Enlever la jeune fille — faire le signal que l'enlèvement avait réussi — croiser au vent de la Ciotat pendant que les galères attaqueraient cette ruche de gros citadins — veiller enfin à ce que nos gens ne fussent pas surpris par les galères du roi de France qui pouvaient venir de l'ouest — est-ce vrai ?

— C'est vrai.

— Eh bien donc ! seigneur Érèbe, je te dis que si les ordres que tu vas donner contrarient ceux-là, on ne t'écoutera pas.

— Mensonge !

— Essayez.

— À l'instant même — dit Érèbe. Et s'adressant au timonier et aux marins qui attendaient ses ordres, il commanda une manœuvre qui tendait à rapprocher le chebek de la Maison-Forte.

Quel fut l'étonnement d'Érèbe lorsqu'au lieu d'exécuter ses ordres, il vit, sur un signe d'Hadji, le timonier et les marins, par une manœuvre toute contraire, rapprocher davantage le chebek du lieu de l'action.

— Vous refusez de m'obéir — s'écria Érèbe.

— Eh bien ! seigneur Érèbe, que vous disais-je ?

— Tais-toi, misérable...

Érèbe tenta en vain d'ébranler la fidélité des matelots, soit terreur, soit habitude de l'obéissance passive, soit amour de leur vie grossière et licencieuse, ils restèrent fidèles aux ordres qu'ils avaient reçus.

Érèbe baissa la tête avec désespoir.

— Puisque tu as le commandement de ce chebek — lui dit Érèbe, avec un sourire amer — c'est à toi que je m'adresse pour faire mettre le bâtiment en panne, et amener le long du bord la chaloupe qu'on traîne à la remorque.

— Le capitaine, ici, c'est vous, seigneur Érèbe; ordonnez sans contrarier les ordres de Pog-Reis, et je serai le premier à hâler sur les cordages, ou à mettre au timon.

— Trêve de mots; alors, fais armer cette chaloupe par quatre hommes.

— Mettre le chebek en panne? rien ne s'y oppose — dit Hadji. — Le guet se fait aussi bien en place qu'en mouvement, et de temps à autre la sentinelle s'arrête. Quant à armer la chaloupe, cela se fera quand je saurai quel est votre dessin.

Érèbe frappa du pied avec impatience.

— Mon dessin est de reconduire à terre ces deux jeunes filles.

— Rejeter sur cette côte sauvage la perle du golfe! — s'écria le bohémien — quand elle est en votre pouvoir! quand vous êtes aimé! quand...

— Tais-toi et obéis... cela m'est personnel, je pense, et Pog-Reis ne me forcera pas à enlever une femme, si je ne le veux pas!

—Cet enlèvement est aussi personnel à Pog-Reis, seigneur Érèbe ; je ne puis ordonner d'armer la chaloupe.

— Que dis-tu ? — s'écria le jeune homme, presque avec effroi.

— Pog-Reis est un vieux routier... seigneur Érèbe... il sait que malgré son courage et sa force, le tigre peut tomber, aussi bien que le buffle stupide, dans le piège qu'un lâche trappeur a tendu sous ses pas... Éblis a secoué ses ailes sur la Ciotat ; les flammes pétillent, les canons tonnent, la mousqueterie éclate ; nos gens se gorgent de pillage et mettent les chrétiens à la chaîne... c'est bien... Mais que Pog-Reis... mais que Trymalcion-Reis, dans une surprise, restent prisonniers des chiens de chrétiens ! que nos gens soient obligés de regagner leurs galères en abandonnant Pog et Trymalcion prisonniers, ceux-ci sont écartelés et brûlés comme rénégats...

— Finiras-tu ? finiras-tu ?...

— En gardant au contraire la perle de la Ciotat, Reine des Anbiez, comme otage jusqu'à la fin de l'entreprise, elle peut nous être d'un grand secours, et nous valoir, par son échange, la liberté de Pog-Reis, de Trimalcion-Reis. Il faut donc que cette jeune fille et sa compagne restent ici jusqu'à ce que Pog-Reis ait décidé de leur sort.

Érèbe fut attéré.

Les menaces, les supplications ne purent ébranler de leur détermination ni Hadji ni l'équipage.

Un moment Érèbe, dans son désespoir, fut sur le point de se précipiter à la mer, et de gagner la côte à la nage pour s'y faire tuer en combattent les pirates; mais il songea que c'était laisser Reine sans défenseur. Il redescendit donc sombre et désespéré dans la cabine.

— Voici notre généreux sauveur — s'écria Reine en se levant, et en allant au-devant de lui.

Érèbe fit un signe de tête mélancolique, et dit :

— Je suis maintenant prisonnier comme vous.

Et il raconta aux deux jeunes filles ce qui venait de se passer sur le pont. Un moment calmée par une trompeuse assurance, la douleur de Reine éclata avec une nouvelle violence, et, malgré le tardif repentir d'Érèbe, elle l'accusa, avec raison, d'être l'auteur des maux qui l'accablaient.

. . . .

Tels étaient les faits qui s'étaient passés à bord du chebek, lorsque ce bâtiment (commandé par Hadji depuis qu'Érèbe avait rejoint Reine et Stéphanette) rallia les galères de Pog et de Trymalcion, qui s'éloignaient à force de rames de la Ciotat, après leur funeste expédition.

Le bohémien était à poupe du chebek, lorsque Pog-Reis, le hélant de sa galère, lui dit :

— Eh bien ! cette fille est-elle à bord ?

— Oui, maître Pog... et, de plus, il y a une fauvette avec la colombe.

— Et Érèbe ?

— Maître Érèbe a voulu faire ce que maître Pog avait prévu... — dit le bohémien, en faisant un signe d'intelligence.

— Je m'y attendais... Veille sur lui... garde le commandement du chebek, navigue dans mes eaux, et imite mes manœuvres.

— Vous serez obéi, maître Pog... Mais,

avant de vous quitter, laissez-moi vous faire un présent... Ce sont des papiers et des jouets d'amour appartenant à un chevalier de Malte... C'est, je crois, une histoire digne de Ben-Absull. J'ai fait cette belle trouvaille dans la cabane du guetteur. Je croyais trouver un diamant, j'ai trouvé un grain de maïs... Mais cela vous intéressera peut-être, maître Pog... Il y a une croix de Malte sur la cassette; tout ce qui porte ce signe abhorré vous revient de droit.

En disant ces mots, Hadji jeta aux pieds de Pog-Reis le coffret d'argent ciselé qu'il avait volé dans le meuble d'ébène de Peyroü. Ce coffret était entouré d'une écharpe, destinée à contenir le couvercle brisé.

Pog-Reis, peu sensible à l'attention du bohémien, lui fit signe de continuer sa route.

Le chebek prit son rang de marche à l'arrière de la galère de Pog.

Les trois bâtiments disparurent bientôt dans l'est, se dirigeant en toute hâte vers les îles Saint-Honorat, où ils comptaient se radouber.

CHAPITRE XXXII.

DÉCOUVERTE.

Pog était trop vivement préoccupé de la position fâcheuse où se trouvaient ses galères, pour avoir prêté beaucoup d'attention aux dernières paroles d'Hadji. Un des spahis ramassa le coffret, et le porta dans la chambre de Pog, où ce dernier descendit bientôt, après avoir laissé au pilote le commandement de la galère.

Cette chambre était entièrement tendue d'une grossière étoffe de laine rouge. Sur cette tenture, on voyait çà et là une grande quantité de croix noires tracées à la main avec du charbon. Parmi elles, on remarquait aussi quelques croix blanches marquées à la craie, mais en petit nombre.

Une lampe de cuivre jetait dans cette pièce une lueur blafarde et sépulcrale.

On y voyait, pour tout ameublement, un lit recouvert d'une peau de tigre, deux chaises et une table de bois de chêne à peine équarrie.

Lorsque le Maure eut mis le premier appareil sur les blessures de Pog, il se retira.

Celui-ci, resté seul, s'assit, appuya son front sur sa main, et réfléchit aux événements de la nuit.

Sa vengeance n'était qu'à demi satisfaite.

Sa retraite précipitée humiliait son amour-propre, et soulevait en lui de nouveaux ressentiments.

Néanmoins, en songeant au mal qu'il avait fait, il sourit d'un air sinistre, et se leva en disant :

— C'est toujours cela ! Ma nuit n'aura pas été perdue...

Puis, il prit un morceau de charbon, et fit plusieurs croix noires sur la tenture...

De temps à autre il s'arrêtait, en ayant l'air de rassembler ses souvenirs... Il venait de tracer une dernière croix, lorsqu'il se dit à lui-même :

— Ce baron des Anbiez est tué ! je le crois, je l'espère... A la sourde vibration du manche de ma masse d'armes dans ma main, j'ai cru sentir que le crâne était brisé ; mais le baron avait un casque.... la mort n'est pas sûre. N'augmentons pas faussement le nombre de mes victimes.—Après cette plaisanterie lugubre, il effaça la croix, et il se mit à compter les croix blanches.

— Onze, dit-il, onze chevaliers de Malte... morts sous mes coups... Oh ! ceux-là sont bien morts... car je me serais mille fois fait tuer sur leurs cadavres, plutôt que de leur laisser un souffle de vie...

Pog resta plongé dans un nouveau silence... Debout, les bras croisés sur sa poitrine, la tête baissée, il dit ensuite avec un profond soupir :

— Depuis plus de vingt ans je poursuis ma vengeance.... mon œuvre de destruction... Depuis vingt ans... ma douleur a-t-elle diminué ? mes regrets sont-ils moins désespérés ? Je ne sais... sans doute... J'éprouve comme une horrible joie en disant à l'homme : — Souffre... meurs... Mais après... après ! toujours le regret... toujours !!... Et pourtant je n'ai pas de remords, non ; il me semble que je suis l'aveugle instrument d'une volonté toute puissante... Oui, cela doit être... Ce n'est pas la cupidité qui me guide... c'est un besoin impérieux, un besoin insatiable de vengeance... Où vais-je ? Quel sera le réveil de cette vie sanglante, qui me semble quelquefois un songe horrible ? Quand je pense à ce que fut autrefois ma vie, à ce que j'étais moi-même... c'est à devenir fou... comme je le suis... oui, il faut que je sois fou... car quelquefois j'ai des moments où je me demande : Pourquoi tant de cruautés ? Cette nuit par exemple... que de sang.. que de sang.. Ce vieillard ! ces femmes ! Oh ! je suis fou... fou furieux... C'est épouvantable. Que m'avaient-ils fait ?

Pog cacha sa tête dans ses mains. Après quelques moments de morne réflexion, il s'écria d'une voix terrible :

— Eh ! que lui avais-je fait, moi, à celui qui m'a précipité du ciel dans l'enfer ? Rien... je ne lui avais rien fait ! Que lui avais-je fait à elle... à sa complice ? Je l'avais entourée de toute l'adoration, de toute l'idôlatrie que l'homme peut ressentir ici-bas pour la créature... Et pourtant!! Oh...! cette douleur... sera-t-elle donc toujours saignante? Ce souvenir sera-t-il donc toujours affreux? toujours brûlant comme un fer chaud?... Oh! rage! oh! misère! Oh! l'oubli! l'oubli... je ne demande que l'oubli!...

En disant ces mots, le pirate tomba la face sur son lit, froissa la peau de tigre entre ses mains crispées et fit entendre une espèce de rugissement sourd et étouffé...

Le paroxysme de cet accès dura quelque temps, une morne stupeur lui succéda.

Pog se redressa bientôt, le teint plus pâle encore que de coutume, les yeux ardents, les lèvres contractées.

Il passa sa main sur son front, pour raffermir le bandage de sa plaie qui s'était dérangé. En laissant retomber son bras avec accablement, il sentit près de la cloison un objet qu'il n'avait pas remarqué.

C'était la cassette qu'Hadji avait jetée à bord de la *Gallione rouge* et que l'un des hommes du Pog avait descendue dans sa chambre.

Le pirate prit machinalement ce coffret et le mit sur ses genoux.

La croix de Malte damasquinée sur le couvercle frappa sa vue et le fit tressaillir.

Il rejeta brusquement le coffret loin de lui, l'écharpe se dénoua, il s'ouvrit.

Un assez grand nombre de lettres roulèrent sur le parquet avec deux médaillons et une longue tresse de cheveux blonds...

Pog était assis sur son lit, les médaillons étaient tombés à une assez grande distance de lui.

La lumière qui éclairait sa chambre était pâle, vacillante.

Par quel prodige de l'amour, de la haine, de la vengeance, reconnut-il à l'instant des traits... qu'il n'avait jamais oubliés ?

Cet événement était si foudroyant que Pog se crut d'abord le jouet d'un rêve.

Il n'osait faire un mouvement.

Le corps à demi penché, les yeux ardemment fixés sur ce médaillon, il craignait à chaque instant de voir évanouir ce qu'il prenait pour un fantôme de son imagination exaltée...

Enfin, tombant à genoux, il se précipita sur ces objets comme s'ils avaient encore pu lui échapper...

Il saisit les portraits...

L'un d'eux représentait une femme d'une éclatante beauté.

Il ne s'était pas trompé......... il l'avait reconnue...

L'autre représentait une figure d'enfant.

Le pirate laissa tomber le médaillon à terre, et resta pétrifié...

Il venait de reconnaître Érèbe!.. Érèbe, tel qu'il était, du moins lorsque, quinze ans auparavant, il l'avait enlevé sur les côtes du Languedoc!

Pog, doutant encore de ce qu'il voyait, sortit de cet anéantissement passager, ramassa le médaillon, rappela bien ses souvenirs pour se prémunir contre toute erreur, regarda de nouveau le portrait avec une anxiété dévorante... C'était bien Érèbe... c'était Érèbe à l'âge de cinq ans.

Alors, Pog se jeta sur les lettres et les lut à genoux sans songer à se relever.

Cette scène offrait quelque chose de terrible...

Cet homme, pâle, ensanglanté, agenouillé au milieu de cette chambre lugubre, lisait avec avidité ces pages qui lui révélaient enfin le sombre mystère qu'il cherchait depuis si longtemps...

CHAPITRE XXXIII.

LES LETTRES.

Nous mettrons sous les yeux du lecteur les lettres que lisait Pog avec une si douloureuse attention.

La première avait été écrite par lui-même, environ vingt ans avant l'époque dont nous parlons. On y verra un contraste si frappant entre sa vie d'alors, vie heureuse, calme, riante, vie si complètement opposée à sa vie de pirate et de meurtrier, que peut-être aura-t-on quelque pitié pour ce malheureux en comparant ce qu'il avait été et ce qu'il était.

Peut-être même le plaindra-t-on en voyant de quelle élévation il était tombé.

Ces lettres dévoileront aussi quel lien mystérieux unissait le commandeur des Anbiez, Érèbe et Pog auquel nous restituerons son véritable nom, celui du *comte Jacques de Montreuil*, ancien lieutenant des galères du roi.

M. de Montreuil (Pog) avait écrit la lettre suivante à sa femme au retour d'une campagne de huit ou neuf mois dans la Méditerranée.

Cette lettre était datée du lazaret de Marseille.

La galère de M. de Montreuil ayant touché à Tripoli de Syrie où la peste s'était déclarée devait, suivant l'usage, subir une longue quarantaine.

Madame Émilie de Montreuil habitait, près de Lyon, une maison de campagne située sur les bords du Rhône.

LETTRE PREMIÈRE.

Lazaret de Marseille, 10 décembre 1612,
à bord de *la Capitane*.

« Il serait vrai ! Émilie, il serait vrai ! mon cœur déborde de joie.

Je ne saurais t'exprimer mon saisissement... c'est un vertige de bonheur, c'est un épanouissement de l'âme, ce sont de folles exaltations qui tiendraient du délire, si à chaque instant une pensée pieuse, sainte, ne me ramenait à Dieu, à Dieu ! tout-puissant auteur de nos félicités...

Oh ! si tu savais, Émilie, comme je l'ai prié, comme je l'ai béni ! avec quelle ferveur profonde j'ai élevé vers lui ce cri de mon âme énivrée : — « Merci à vous, mon Dieu, qui
« avez entendu nos prières... Merci à vous,
« mon Dieu, qui couronnez le saint amour
« qui nous unit en nous donnant un en-
« fant... »

Émilie... Émilie... mon Dieu ! je suis fou.

En écrivant ce mot.... *un enfant*... ma main tremble, mon cœur bondit, tiens, je pleure. . . . .
. . . .

Oh! j'ai pleuré avec délices.

Quelles douces larmes, qu'elles sont bonnes à pleurer...

Émilie, ma femme... âme de mon âme, vie de ma vie, chaste trésor des plus pures vertus... Il me semble maintenant que votre beau front rayonne de majesté...

Je me prosterne devant vous, il y a quelque chose de si divin dans la maternité...

Émilie... vous le savez, depuis trois ans que dure notre union, notre amour, jamais un nuage ne l'a troublé... Chaque jour a ajouté un jour à cette vie de délices...

Pourtant bien malgré moi, sans doute, je vous aurai peut-être causé, non quelque peine, non quelque déplaisir... mais quelque légère contrariété, et vous toujours si douce, si bonne, vous me l'aurez sans doute caché? Eh bien! dans ce jour solennel, je viens à genoux, à deux genoux, vous en demander pardon, comme je demanderais pardon à Dieu de l'avoir offensé.

Vous savez si vous m'étiez chère, Émilie, notre tendresse toujours renaissante changeait notre solitude en paradis. Eh bien! ce bonheur d'autrefois, qui me semblait alors dépasser toutes les limites du possible, va pourtant être doublé...

Ne trouvez-vous pas, Émilie, que dans le bonheur à deux, il y a une sorte d'égoïsme, une sorte d'isolement qui disparaît, lorsqu'un enfant chéri vient doubler nos plaisirs en les augmentant des plus tendres, des plus touchants, des plus adorables devoirs?

Oh! ces devoirs, comme vous les comprendrez!...

N'avez-vous pas été le modèle des filles?... quel sublime dévouement pour votre père!... quelle abnégation... quels soins!

Oh! oui, la meilleure, la plus adorable des filles sera la meilleure, la plus adorable des mères!...

Mon Dieu, comme nous l'aimerons, Émilie!.. comme nous l'aimerons, ce pauvre petit être...

Ma femme, mon ange aimé... je pleure encore...

Ma raison se perd... oh! pardon... mais depuis tant de temps je suis privé de nouvelles de toi... et puis, la première lettre que tu m'écris après tant de mois d'absence, vient m'apprendre cela, mon Dieu, cela!.. comment résister!. . . . .
. . . .

Je ne saurais te dire les rêves, les projets.. les visions que je caresse!

Si c'est une fille... elle s'appellera Émilie, comme toi, je le veux... Je t'en prie... il n'y aura rien de plus charmant que ces heureuses méprises de noms. Vois-tu comme j'y gagnerai? quand j'appellerai tendrement une Émilie... deux arriveront près de moi. Ce doux nom... le seul nom qui maintenant existe pour moi... retentira dans deux cœurs à la fois...

Si c'est un garçon, voudras-tu bien l'appeler aussi comme moi.

A propos, Émilie, il faut ne pas oublier de faire élever une petite palissade autour du lac et sur le bord de la rivière... grand Dieu! si notre enfant...

Voyez, Émilie, comme je devine, comme je sais votre cœur... cette crainte ne vous paraîtra pas exagérée... ne vous fera pas sourire... non... une larme roulera dans vos yeux... oh! n'est-ce pas? n'est-ce pas? je te connais si bien!

N'est-ce pas qu'il n'y a pas un battement de ton cœur qui me soit étranger? Mais dis-moi donc comment j'ai mérité tant d'amour? mais qu'ai-je donc fait de si beau, de si grand, pour que le ciel me récompense ainsi?.... ...

Tu sais que j'ai toujours eu des sentiments religieux.

Tu sais que tu disais souvent avec ta grâce inimitable que si je ne savais pas très-exactement les fêtes de l'église, je savais parfaitement la quantité des pauvres de nos environs; maintenant je sens le besoin, non d'une foi plus ardente, car je crois... oh! j'ai tant de raison de croire! de croire avec ferveur... mais je sens le besoin d'une vie plus gravement religieuse... encore...

Je dois tout à Dieu, c'est un si imposant sacerdoce que celui de la paternité... *maintenant* il n'y a plus d'actions indifférentes dans notre vie ! rien ne nous appartient plus. Il faut prévoir non-seulement pour notre avenir à nous, mais pour celui de notre enfant...

Tu penses bien, Émilie, que ce que tu désirais tant... que ce que tu n'osais me demander, par égard pour la volonté de mon père, tu penses bien que ma démission du service n'est pas une question...

Il n'y a pas *maintenant* une heure, une minute de ma vie, qui n'appartienne à notre enfant. Si j'ai cédé aux instances que tu me faisais avec tant de regrets, pauvre femme, afin de m'engager à suivre fidèlement le dernier vœu de mon père, *maintenant* il n'en saurait plus être ainsi ; quoique nos biens soient considérables, nous ne devons *maintenant* rien négliger de ce qui peut les améliorer.

Jusqu'à présent nous en avons abandonné la gestion à nos gens d'affaires ; je veux m'en occuper moi-même.

Ce sera autant de gagné pour notre enfant. Les baux de nos fermes du Lyonnais expirés, nous mettrons nous-mêmes nos terres en valeur.

Tu le sais, mon amie, le rêve de toute ma

vie a été de mener ainsi l'existence de gentilhomme campagnard au milieu des douces et saintes joies de la famille. Tes goûts, ton caractère, tes angéliques vertus te faisaient aussi toujours désirer ces riantes et paisibles habitudes... que te dire de plus, mon Émilie, mon ange béni de Dieu...

On vient m'interrompre. La chaloupe du lazaret part à l'instant...

Je me désespère en songeant que plus d'un grand mortel mois me sépare encore du moment où je tomberai à tes genoux et où nous joindrons nos mains pour remercier Dieu...

. . . .

―――

Cette lettre naïve, puérile peut-être, par ses détails, mais qui peignait un bonheur si profond, qui parlait d'espérances si radieuses, était renfermée dans une autre lettre, portant cette adresse : *Au commandeur Pierre des Anbiez*, et contenait ces mots écrits à la hâte, et d'une main presque défaillante.

LETTRE DEUXIÈME.

15 décembre, minuit.

Il me croit... lisez... lisez... je me sens mourir... lisez... que cette lettre soit notre supplice ici-bas, en attendant celui que Dieu nous réserve...

Maintenant j'ai honte de vous... de moi... nous avons été lâches... lâches comme des traîtres que nous sommes...

Ce mensonge infâme... jamais je n'oserai le soutenir devant lui... jamais je ne lui laisserai croire que cet enfant... Ah ! c'est un abîme de désespoir !

Soyez maudit... partez... partez...

Jamais ma faute ne m'a paru plus épouvantable que depuis cet exécrable mensonge fait à sa noble confiance pour nous assurer l'impunité...

Que le ciel préserve ce malheureux enfant...

Sous quels horribles auspices il naîtra... s'il naît, car je le sens... il mourra dans mon sein... je ne survivrai pas aux tortures que

je souffre... pourtant mon mari va arriver... jamais je ne lui mentirai... que faire? non, ne partez pas...... ma pauvre tête s'égare, au moins... vous... ne... m'abandonnez pas.... non, non, ne partez pas... venez. . . . . . .
. . . .

Émilie.

Pog (*M. de Montreuil*), ainsi que la suite va le démontrer, en découvrant que sa femme était coupable, n'avait pu, ni à cette époque, ni depuis, connaître le séducteur de la malheureuse Émilie!

Il avait aussi toujours ignoré qu'Érèbe fût l'enfant de cette liaison adultère.

Un moment il fut accablé par les émotions les plus diverses.

Quoique, après tant d'années passées, un tel ressentiment semble puéril, la rage de Pog fut à son comble, en voyant que cette lettre, écrite autrefois par lui, dans l'ivresse de son bonheur, et remplie de ces confidences de l'âme qu'on n'ose épancher que dans le cœur d'une femme aimée, que cette lettre avait été lue, moquée, peut-être, par le commandeur des Anbiez.

Il songea dans sa fureur au sanglant ridicule dont il avait dû paraître couvert aux yeux de cet homme, en parlant avec tant d'abandon, avec tant d'amour, avec tant d'idolâtrie, d'un enfant qui n'était pas le sien, et de cette femme qui l'avait si lâchement trompé.

Les blessures les plus profondes, les plus douloureuses, les plus incurables sont celles qui atteignent à la fois le cœur et l'amour-propre.

L'excès même de sa fureur, sa soif ardente de vengeance ramena, pour ainsi dire, Pog à une pensée religieuse. Il vit la main de Dieu dans le hasard étrange qui avait jeté sur sa route Érèbe, le fruit de ce criminel amour.

Il tressaillit d'une joie sauvage, en songeant que ce malheureux enfant, dont il avait perverti l'âme, qu'il avait conduit dans une voie si funeste, allait peut-être porter la désolation et la mort dans la famille des Anbiez.

Il vit dans ce rapprochement fatal un châtiment terrible... providentiel.

Le premier mouvement de Pog fut d'aller poignarder Érèbe.

Mais, poussé par une curiosité dévorante, il voulut pénétrer tous les mystères de cette sombre aventure.

Il continua donc de lire les lettres renfermées dans le coffret. Cette autre lettre de madame de Montreuil était aussi adressée au commandeur des Anbiez.

LETTRE TROISIÈME.

14 décembre, 1 heure du matin.

« Dieu a eu pitié de moi.

Ce malheureux enfant vit, s'il ne succombe pas, il ne vivra que pour vous... que pour moi...

Mes femmes sont sûres... cette maison est isolée... loin de tout secours... Demain je ferai demander, au village, le vénérable abbé de

Saint-Maurice... encore un mensonge... un mensonge sacrilége.

Je lui dirai que ce malheureux enfant est mort en naissant. Justine s'est déjà occupée d'une nourrice; cette nourrice attend dans la maison inhabitée du garde du carrefour... ce soir, elle lui portera ce pauvre petit être; ce soir, cette femme partira pour le Languedoc, comme nous en sommes convenus...

Me séparer de mon enfant..... qui m'a coûté tant de larmes, tant de désespoir!!. m'en séparer pour jamais... ah! je n'ose, je ne puis me plaindre! c'est la moindre expiation de mon crime...

Pauvre petit, je l'ai couvert de mes larmes, de mes baisers, il est innocent de tout ce mal... Ah! c'est affreux.

Je ne survivrai pas à ces déchirantes émotions... c'est tout mon espoir...

Dieu me retirera de cette terre... oui... mais pour me damner dans l'éternité...

Ah! je ne veux pas mourir, je ne veux pas... oh! pitié... pitié... grâce...

Je reviens d'un long évanouissement. Peyroü

vous portera cette lettre; renvoyez-le-moi à l'instant. »

Cette autre lettre d'Émilie de Montreuil annonçait au commandeur que le sacrifice était consommé.

LETTRE QUATRIÈME.

15 décembre, 10 heures du soir.

« Tout est fini... ce matin, l'abbé de Saint-Maurice est venu...

Mes femmes lui avaient dit que l'enfant était mort, et que j'avais, dans mon désespoir, voulu par une pieuse résignation, l'ensevelir moi-même dans son cercueil.

Vous savez que ce pauvre prêtre est bien vieux; et puis il m'a vu naître, il a en moi une confiance si aveugle qu'il n'a pas un moment soupçonné ce mensonge impie...

Il a prié sur le cercueil vide.

Sacrilége... sacrilége...

Oh! Dieu sera sans pitié... Enfin le cercueil a été transporté et enseveli dans la chapelle de notre famille...

Hier, à la nuit, pour la dernière fois... j'ai embrassé ce malheureux enfant, maintenant abandonné, maintenant sans nom, maintenant la honte et le remords de ceux qui lui ont donné le jour...

Je ne pouvais me séparer de lui... je ne le pouvais pas... hélas! c'était toujours un baiser... encore un dernier baiser. Quand Justine l'a arraché de mes bras... il a jeté un petit cri plaintif...

Oh! ce faible cri de douleur a retenti jusqu'au fond de mes entrailles... comme un funeste présage!

Encore une fois que va-t-il devenir?... que va-t-il devenir? cette femme! cette nourrice! qui est-elle? quel intérêt prendra-t-elle à ce malheureux orphelin? elle sera indifférente à ses larmes! à ses douleurs, la malheureuse! ses pauvres plaintes ne la remueront pas tout entière comme j'ai été remuée tout-à-l'heure par son faible cri?

Qui est cette femme? qui est cette femme? Justine en répond, dit-elle... mais Justine a-t-elle le cœur d'une mère, pour en répondre, pour en juger?.. moi, j'aurais bien vite vu si je pouvais avoir confiance en elle. Comment n'ai-je pas songé à cela?.. Ah! Dieu est juste... l'épouse coupable ne peut être qu'une mauvaise mère...

Pauvre petit!... il va souffrir... qui le protégera? qui le défendra?.. Si cette femme est infidèle... si elle est cupide, elle va le laisser manquer de tout... il va avoir froid... il va avoir faim... elle va le battre, peut-être!... mon enfant... mon enfant...

Oh! je suis une mère dénaturée... je suis lâche... je suis infâme... j'ai peur... je n'ai pas le courage de mon crime... Non... non... je ne veux pas... je ne veux pas... je braverai tout, le retour de mon mari, la honte, la mort, mais je ne me séparerai jamais de mon enfant, je ne m'en séparerai qu'à la mort... il en est temps encore... Justine va venir... je vais l'envoyer dire à la nourrice de rester ici. . . .
. . . .

Rien, rien, mon Dieu! être à la merci de

ces gens-là... Justine vient de refuser de me dire la route qu'a prise cette femme... elle a osé me parler de mes devoirs, de ce que je dois à mon mari... oh! honte, honte! moi... autrefois si fière... en être réduite là.. Pourtant elle pleurait en me refusant... pauvre femme, elle m'a crue folle...

Ce qu'il y a d'affreux, c'est que je n'ose invoquer le ciel pour ce malheureux être abandonné en naissant; il est voué au malheur. Que deviendra-t-il?

Ah!.. vous au moins ne l'abandonnez pas... mais dans son enfance! à cet âge où il aura tant besoin de soins et de tendresse, que pourrez-vous pour lui? rien... mon Dieu!.. rien. Et d'ailleurs ne pouvez-vous pas mourir dans un combat... oh! cela est affreux... heureusement je suis si faible que je ne survivrai pas à cette agonie, ou bien je mourrai sous le premier regard de celui que j'ai si terriblement offensé...

Chacune de ses lettres si confiantes, si tendres, si nobles, me porte un coup mortel... Hier je lui ai annoncé la fatale nouvelle... en-

core un mensonge... Combien il va souffrir !...
il l'aime déjà tant...

Ah ! c'est affreux... affreux !... mais cette
lutte aura une fin prochaine... oui, je le sens,
bien prochaine...

Pierre..... je voudrais pourtant vous voir
avant que de mourir... C'est plus qu'un pressentiment... c'est une certitude... Je vous dis
que jamais je ne le reverrai, *lui*.

J'en suis sûre, si je le revois... je le sens...
sa présence me tuera.

Il faut que demain vous quittiez la France.

Quand ce pauvre enfant pourra vous être
confié, s'il survit à sa triste jeunesse, Pierre,
aimez-le, aimez-le... il n'aura jamais eu de
mère... je voudrais, s'il était digne de cette
sainte vocation, et si elle convenait à son âme
et à son caractère... je voudrais qu'il fut prêtre... Un jour... vous lui apprendriez le terrible secret de sa naissance...

Il prierait pour vous... pour moi... et peut-
être le ciel entendrait-il ses prières... Je me
sens faible... bien faible... une fois encore
Pierre... je vous reverrai... ah ! nous expions

bien cruellement quelques jours de folle ivresse...

Tenez ce qui me fait le plus de mal.... c'est sa confiance... oh ! je vous dis que sa vue me tuera... je me sens mourir.... »

———

On voyait encore la trace des larmes qui avaient effacé quelques mots de cette lettre tracée d'une main défaillante.

Pog, après avoir lu ces pages qui peignaient si douloureusement l'état de l'âme d'Émilie, resta un moment pensif.

Il baissa la tête sur sa poitrine.

Cet homme si cruellement outragé, cet homme endurci par la haine, ne put refuser un sentiment de pitié à cette malheureuse femme.

Une larme... une larme brûlante... la seule qu'il eût versée peut-être depuis bien longtemps, sillonna ses joues.

Puis ses ressentiments se soulevèrent plus furieux encore contre l'auteur de tous ces maux.

Il remercia le ciel de lui avoir fait enfin connaître le séducteur d'Émilie.

Mais il ne voulut point appesantir sa pensée sur la terrible vengeance qu'il méditait.

Il continua de lire.

Cette autre lettre était encore de la main d'Émilie. Elle apprenait au commandeur la suite de cette fatale aventure.

LETTRE CINQUIÈME.

16 décembre, 9 heures du matin.

« Mon mari sait la mort supposée de cet enfant... son désespoir tient de la folie. Ce sont des regrets si déchirants, que sa lettre m'épouvante... la quarantaine se termine dans quinze jours... je ne vivrai pas jusques-là... mon crime sera enseveli avec moi... et il me regrettera... et il pleurera ma mémoire... peut-être. Oh ! tromper ! tromper toujours !...

tromper jusqu'après le cercueil... Dieu... me pardonnera t-il jamais? C'est un abîme de terreur où je n'ose jeter les yeux... Ce soir... à onze heures... Justine vous ouvrira la petite porte du parc... Pierre... ce sont des adieux solennels, funèbres peut-être... A demain donc... »

CHAPITRE XXXIV.

LE MEURTRIER.

Un papier, dont une partie était déchirée, contenait cette espèce de confession écrite, on ne sait dans quel but ou à quelle personne, par le commandeur, sans doute peu de jours après les sanglantes catastrophes qu'il raconte.

Quelques passages, lacérés peut-être à dessin, semblaient se rapporter à un voyage en Languedoc que le commandeur fit à la même époque sans doute pour s'informer du sort de son malheureux enfant.

. . . .

. . . . Et mes mains sont teintes de sang... je viens de commettre un meurtre...

J'ai assassiné l'homme à qui j'avais déjà fait une mortelle offense...

A onze heures, je me suis rendu à la petite porte du parc... J'ai été introduit près d'Émilie.

Elle était couchée, pâle, presque mourante.

Elle, naguère si belle, semblait le spectre d'elle-même. La main de Dieu l'avait déjà touchée.

Je me suis assis à son chevet. Elle m'a tendu sa main défaillante et glacée...

Je l'ai pressée contre mes lèvres... froides aussi.

Nous avons jeté un dernier et douloureux regard vers le passé, je me suis accusé de l'avoir perdue...

Nous avons parlé de notre malheureux enfant, nous avons pleuré, amèrement pleuré... lorsque tout-à-coup...

Ah ! je sens encore une sueur froide inonder mon front. Mes cheveux se dressent sur ma tête, une voix terrible me crie : — Meurtrier... meurtrier...

Oh ! je ne chercherai pas à fuir le remords...

jusqu'au dernier de mes jours je garderai devant moi l'image de ma victime...

Par le jugement de Dieu qui m'a déjà condamné, j'en fais le serment..........

Rassemblons nos souvenirs...

Ce fut un moment horrible.

La chambre d'Émilie était faiblement éclairée par une lampe de nuit placée près de la porte.

Je tournais le dos à cette porte.

J'étais assis près de son lit, elle ne pouvait retenir ses sanglots, j'avais mon front appuyé sur sa main.

Le plus profond silence régnait autour de nous.

Je venais de lui parler de notre enfant, je venais de lui promettre de suivre sa volonté à son égard.

J'avais tâché de la consoler, de lui faire espérer des jours meilleurs, de ranimer son courage, de lui donner la force de tout cacher à son mari, de lui prouver, que pour son repos, que pour son bonheur *à lui*, il valait mieux le laisser dans sa confiante sécurité...

Tout-à-coup la porte qui était derrière moi s'ouvrit violemment.

Émilie s'écrie avec terreur : — Mon mari !... Je suis morte.

Avant que j'aie pu me retourner... un mouvement involontaire de son mari avait éteint la lampe.

Nous restions tous trois dans l'obscurité.

— Ne me tuez pas avant de m'avoir pardonnée — s'écria Émilie...

— Oh! si... toi d'abord... lui après — dit M. de Montreuil d'une voix sourde.

Ce moment fut horrible.

Il s'avançait... à tâtons... je m'avançais aussi.

Je voulais aller à sa rencontre et le contenir...

Nous ne disions rien... rien...

Le silence était profond.

On n'entendait que le bruit de nos respirations oppressées, et la voix basse et saccadée d'Émilie qui murmurait : — Seigneur, ayez pitié de moi... Seigneur, ayez pitié de moi.

Tout-à-coup je sentis sur mon front une main froide comme du marbre.

C'était celle de son mari.

En cherchant dans l'obscurité il m'avait touché.

Il tressaillit, et dit sans s'inquiéter davantage de moi : — Son lit doit pourtant être à gauche !

Ce calme m'épouvanta.

Je me précipitai sur lui.

A ce moment, Émilie, qu'il avait, sans doute, déjà saisie, cria : — Grâce... grâce...

Je tâchai de le prendre à bras le corps, je sentis la pointe d'un poignard m'effleurer la main.

Émilie poussa un long soupir, elle était tuée ou blessée, son sang jaillit jusque sur mon front.

Alors, ma tête se perdit.

Je me sentis doué d'une force surnaturelle.

De ma main gauche, je saisis le bras droit du meurtrier, de ma main droite je lui arrachai son poignard, et à deux reprises je le lui plongeai dans la poitrine.

Je l'entendis tomber sans pousser un cri...

De ce moment, je ne me souviens de rien...

Je me suis retrouvé au lever du soleil, couché le long d'une haie ; j'étais couvert de sang.

Pendant quelques moments, je ne me suis souvenu de rien, puis tout m'est revenu à la mémoire, je suis rentré chez moi en évitant tous les regards.

Je me suis aperçu, en rentrant, que ma croix de Malte était perdue. Peut-être m'a-t-elle été arrachée dans la lutte.

J'ai retrouvé Peyroü qui m'attendait avec mes chevaux, je suis arrivé ici... (*Quelques pages manquaient à cet endroit*) . . . .
. . . . et elle n'est plus.

Il repose à côté d'elle dans la même tombe. Cette idée de meurtre me poursuit... Je suis doublement criminel... Ma vie entière ne suffira pas pour expier ce meurtre et. . . . . .
. . . .

Le reste de cette page manquait.

La dernière lettre que contenait le coffret, était une lettre adressée à Peyroü par un maître de barque des environs d'Aiguemorte, cinq ans après les événements qui viennent d'être exposés, et la même année, sans doute de l'enlèvement d'Érèbe par les pirates, sur la côte du Languedoc.

Peyroü, qui servait alors à bord des galères de la religion avec le commandeur, avait été dans le secret de cette mystérieuse et sanglante tragédie.

La lettre suivante lui était adressée à Malte, où il avait continué de suivre le commandeur qui, cinq ans après cette fatale aventure, n'avait pas encore voulu rentrer en France.

A monsieur Bernard Peyroü, comite-patron de la Notre-Dame des sept douleurs.

« Il vient d'arriver un grand malheur, mon cher Peyroü; il y a trois jours, une galère barbaresque a fait une descente sur la côte qui n'était pas gardée.

Les pirates ont tout mis à feu et à sang, ils ont emmené en esclavage ceux des habitants qu'ils ont pu mettre à la chaîne; je ne sais comment vous apprendre ce qui me reste à vous dire. La femme Agniel et l'enfant que vous lui aviez confié ont disparu, et ont été, à n'en pas douter, ou massacrés ou emmenés captifs par les pirates. Je suis allé dans sa maison, tout y annonçait des traces de violence. Hélas ! je vous le répète, nul doute que la femme et l'enfant n'aient partagé le sort des autres habitants de ce malheureux village. Et l'enfant aura-t-il résisté aux fatigues de la navigation? on ne peut pas malheureusement l'espérer. Je vous envoie les seules choses qu'on ait retrouvées dans la maison, le portrait de l'enfant que, d'après votre ordre, la femme Agniel avait conduit à Montpellier; c'est-là que le portrait a été fait, il y a un mois environ. J'ai vu dernièrement ce pauvre enfant, et je puis vous dire qu'il est très ressemblant. Hélas ! c'est peut-être tout ce qui reste de lui maintenant. J'envoie cette lettre directement à Malte par la tartane la *Sainte-Cécile*, afin que le tout vous parvienne plus sûrement.

P. S. Dans le cas inespéré où on retrouverait l'enfant, il a une croix de Malte tatouée sur le bras gauche. » . . . .
. . . .

Pour compléter ces explications, il reste à dire que, quoique dangereusement blessé, Pog (M. de Montreuil) eut assez de force et de présence d'esprit pour envelopper cette fatale nuit d'un profond mystère...

Après la mort d'Émilie, il ordonna à Justine, sous les plus effrayantes menaces, de dire que sa maîtresse, déjà malade de chagrin d'avoir perdu son enfant, avait succombé aux suites de ses couches.

Rien ne semblait plus naturel que cette version ; elle fut généralement adoptée.

Pog était resté caché dans sa maison, jusqu'à ce que sa blessure fût complètement guérie.

A force de promesses, de terreur, il avait voulu savoir de Justine où était l'enfant; il ne put en être instruit.

Il reste à expliquer comment Pog avait surpris le tête-à-tête d'Émilie et du commandeur.

Apprenant, au lazaret de Marseille, la mort supposée de son enfant, Pog avait éprouvé un violent chagrin ; il avait cru sa femme si désespérée de cet affreux malheur, que, malgré la peine de mort qu'encouraient les déserteurs du lazaret avant l'expiration de la quarantaine établie, il avait la nuit même quitté à la nage l'île Ratonneau, où étaient alors situés les bâtiments sanitaires.

Arrivant sur la côte, où un domestique affidé l'attendait avec des vêtements, il avait pris en toute hâte la route de Lyon, courant la poste à franc-étrier sous un nom supposé.

Laissant ses chevaux à deux lieues de chez lui, il était arrivé à pied par la traverse. Passant devant la petite porte, que le commandeur avait laissée ouverte, il était entré dans le parc.

Depuis quelques jours, et pour plus de prudence et de précaution, Émilie avait éloigné ses gens sous différents prétextes, ne gardant auprès d'elle que deux de ses femmes, dont elle était sûre.

Son mari, trouvant donc la maison presque déserte, était arrivé inaperçu jusqu'à la porte de la chambre d'Émilie; celle-ci, le croyant retenu encore dix jours au lazaret par la quarantaine, n'avait pas eu le moindre soupçon de son arrivée.

Pog, entendant alors l'entretien de sa femme avec Pierre des Anbiez, n'avait plus douté de son déshonneur.

Lorsqu'il fut complètement guéri, Pog abandonna pour toujours sa maison du Lyonnais.

Sûr du silence de Justine, qui n'avait aucun intérêt à dévoiler le séjour qu'il avait fait chez lui, il quitta pour jamais la France, emportant une somme considérable en or.

Lorsqu'on s'aperçut de sa disparition du lazaret, on crut, et cette créance s'accrédita comme une vérité, que, dans sa douleur d'apprendre la perte de son enfant, M. de Montreuil s'était jeté à la mer par désespoir; ce bruit se répandit en France, et le commandeur crut sa victime morte des suites de sa blessure.

Pog avait donc toujours complètement ignoré le nom du séducteur d'Émilie.

Le seul indice qu'il en eût était la croix de Malte du commandeur, qui, pendant sa lutte avec Pog dans la chambre d'Émilie, s'était détachée de son habit.

Cette croix portait les initiales L. P. sur son anneau; ce signe prouvait que son possesseur appartenait *à la langue provençale*.

On comprend maintenant le sujet de la haine

féroce que Pog nourrissait contre les chevaliers de Malte français.

Sa soif de vengeance était si aveugle, qu'il dirigeait de préférence ses attaques contre le Languedoc et contre la Provence, parce que le séducteur d'Émilie devait appartenir à un chevalier de Malte né dans cette provence.

Il est inutile de dire si l'amour que Pog éprouvait pour Émilie avant sa trahison était violent et passionné...

La rage, ou plutôt la monomanie féroce qui s'était emparée de son esprit depuis qu'il s'était vu si affreusement trompé, était même une abominable preuve de sa douleur désespérée.

Le portrait que le commandeur des Anbiez avait fait placer au-dessus du cercueil qui lui servait de lit en expiation du meurtre qu'il avait commis, était le portrait de Pog, portrait qu'il s'était procuré par Peyroü, lors de la vente de la maison du Lyonnais.

Après avoir lu ces lettres, qui dévoilaient tant de mystères, Pog resta un moment accablé.

Il ferma les yeux.

Mille pensées, mille idées confuses se heurtaient dans sa tête.

Il craignit un moment de devenir fou.

Peu à peu cette espèce de vertige s'apaisa.

Il envisagea avec un calme plus effrayant que la colère les nouvelles chances que cette découverte offrait à sa haine.

CHAPITRE XXXV.

PROJETS.

Une fois éclairé sur la naissance d'Érèbe, Pog, dans son horrible joie, remercia l'enfer de lui avoir livré cet enfant.

Alors il s'expliqua les sentiments d'aversion qu'Érèbe lui avait presque toujours inspirés, et les rares velléités de tendresse qu'il avait parfois vaguement ressenties pour ce malheureux. . . . .
. . . .

Érèbe était le fils de son plus mortel ennemi... mais il était aussi le fils d'une femme que Pog avait adorée. . . . .
. . . .

Il se dit que sans le secret instinct de haine et de vengeance qui le poussait à son insu, il n'aurait sans doute pas pris un odieux plaisir à corrompre, à dénaturer l'âme de cet infortuné.

Les cœurs les plus endurcis éprouvent toujours une sorte de soulagement, lorsqu'ils croient leurs crimes justifiés.

De ce moment, Pog, si cela se peut dire, vit clair dans sa haine; il ne fut plus qu'indécis sur la manière de se venger.

Un homme du caractère de Pog devait agir avec une prudence terrible, pour ne pas compromettre l'occasion d'assouvir enfin sa rage.

La mort d'Érèbe ne pouvait le satisfaire, cette mort si lente, si cruelle qu'elle fût, ne serait qu'un jour de supplice; cela ne lui suffisait plus.

Cette rage était insensée; si Érèbe était la personnification vivante du crime du commandeur, il était du moins innocent de ce crime; mais Pog avait depuis longtemps perdu toute conscience du juste et de l'injuste.

Il n'hésita donc pas à regarder Érèbe comme une victime justement dévolue à ses ressentiments. Il avait aussi frémi d'une joie sinistre en apprenant que Pierre des Anbiez avait été le séducteur de sa femme ; maintenant il savait où ses coups devaient porter.

Tout semblait favoriser ses projets ; il croyait avoir tué Raymond V, baron des Anbiez, dans l'attaque de la Ciotat ; Reine, enlevée par Érèbe, était la nièce du commandeur : le destin semblait d'accord avec lui pour poursuivre et accabler cette famille.

Telles étaient les pensées de Pog, lorsque les deux galères et le chebek arrivèrent au mouillage des îles Sainte-Marguerite.

A peine furent-elles mouillées qu'Hadji vint à bord de la *Gallione rouge,* il trouva Pog absorbé dans ses réflexions.

En peu de mots il l'instruisit des desseins d'Érèbe, et de ses vaines tentatives pour embaucher l'équipage du chebek et fuir en Orient.

Pog pâlit d'effroi.... Érèbe aurait pu lui échapper sans la fidélité d'Hadji et de ses marins ! sa vengeance avortait !!

Il témoigna au bohémien une si grande reconnaissance de sa conduite dans cette circonstance, que celui-ci demeura stupéfait ; ces sentiments contrastaient étrangement avec le caractère de Pog.

— Rassure-toi, maître Pog — dit Hadji — tu ne dois pas avoir sur la conscience le poids d'une lourde reconnaissance ; moi et les matelots, nous te sommes restés fidèles parce que notre intérêt nous le commande; ce lien en vaut bien d'autres ; mais si tu m'en crois, Pog-Reis, tu profiteras de la première occasion pour mettre le jeune homme à terre : il se gâte, il devient faible, tout à l'heure il a encore pleuré aux pieds de ces deux femmes ; je te conseille donc de l'abandonner à la première occasion, il ne peut que nous gêner...

— Abandonner Érèbe ! — s'écria Pog avec une expression si passionnée, qu'Hadji le regarda avec stupeur.

Abandonner Érèbe !.. — reprit-il — mais tu ne sais donc pas... mais, que dis-je.... tu dois ignorer... à l'instant... à l'instant amène-moi cet enfant... tu m'en réponds sur ta vie... sur ta vie, entends-tu... Ou bien non... je vais aller le trouver à bord de son chebek... ce sera plus sûr...

Le pilote de la *Gallione rouge*, entra au

même instant d'un air agité. — Maître — dit-il à Pog — en examinant l'horizon avec ma longue-vue, je viens de découvrir au large une galère et une polacre... Ces deux bâtiments peuvent passer au vent de nous sans nous apercevoir... Éblis le veuille... car la galère noire est fatale à ceux qu'elle attaque...

— La galère noire ? — demanda Pog.

— Qui ne connaît pas la galère noire du commandeur des Anbiez — dit le pilote.

— Eh ! sans doute — s'écria le bohémien — on attendait le commandeur d'un jour à l'autre à la Maison-Forte de Raymond V... Pierre des Anbiez sera arrivé après nous, il aura vu le bouge de ces citadins en flamme, sa nièce enlevée, son frère tué... et il nous cherche sans doute pour se venger...

— Cette galère... est celle du commandeur Pierre des Anbiez — dit Pog en balbutiant, tant sa stupéfaction était profonde — Pierre des Anbiez... le commandeur... ici... lui...

Il est impossible de peindre l'explosion de joie sauvage avec laquelle Pog prononça ces mots.

Après un moment de silence pendant lequel

il passa ses mains sur son front, comme pour bien s'assurer que tout ce qui arrivait était bien réel, il tomba tout-à-coup à genoux, joignit les mains, et dit avec l'expression de la plus profonde piété.

— Mon Dieu!... mon Dieu!... pardonnez-moi. Longtemps j'ai douté de votre justice, aujourd'hui elle se révèle à moi, dans toute son éclatante majesté! Seigneur... Seigneur... pardonnez-moi!... La douleur m'a égaré, votre toute-puissance se manifeste à ma vue. Le même jour vous mettez à la merci de ma vengeance le père et le fils; après vingt ans de tortures, mon Dieu! après vingt ans... Seigneur, Seigneur, à genoux, je vous remercie, ma vie entière ne suffira pas pour vous prier et pour vous bénir!.... Le père et le fils, en ma puissance! mon Dieu! vous êtes souverainement grand! vous êtes souverainement juste!!

Un violent accès de fureur de la part de Pog n'eût pas épouvanté Hadji. Cette prière faite d'une voix basse, tremblante, convaincue, le remplit d'une vague inquiétude.

Ce misérable qui ne reculait devant rien eut peur...

Il fallait, en effet, quelque chose de bien formidable pour courber le front de Pog dans la poussière, pour lui arracher ce cri de reconnaissance, de soumission.

Après avoir prié, Pog se releva, il marcha longtemps avec agitation, sans dire un seul mot; il oubliait la présence du pilote et d'Hadji.

Une demi-heure se passa ainsi. Le bohémien examinait Pog avec une avide et sombre curiosité.

Il s'attendait à voir sortir du chaos où ses idées semblaient plongées quelque résolution étrange et fatale.

Pog, comme s'il eût enfin succombé à tant de violentes émotions, se sentit faiblir, il devint pâle comme un spectre, s'affaissa sur lui-même, et sans le secours d'Hadji et du pilote il tombait à la renverse.

Le bohémien le porta sur son lit, tira un flacon de sa ceinture, le lui fit respirer, et bientôt Pog-Reis sortit de son évanouissement passager.

— Je me souviens de tout, maintenant — dit-il, en regardant autour de lui avec anxiété. — Je me souviens de tout. Tu me trouves faible... Hadji, mais que veux-tu ?... Le temps des miracles revient... Oh ! cette marque de la toute-puissance du Très Haut m'impose des devoirs; maintenant je suis fort, maintenant je ne compromettrai pas les vues de la justice céleste en la devançant... Non... non... j'entends sa voix, elle sera écoutée, un terrible exemple sera donné au monde... Tu vas m'envoyer Érèbe, Hadji.

Ces paroles, l'accent calme et la physionomie presque tranquille de Pog furent un nouveau sujet d'étonnement pour Hadji.

— Qu'il soit fait comme vous le voulez, maître, je vais vous envoyer le jeune homme, ou vous l'amener moi-même pour plus de sûreté.

— Cela n'est pas tout, Hadji... Tu aimes le pillage comme Trymalcion-Reis, mais tu aimes aussi le combat pour le combat, le danger pour le danger.

— Et je n'ai eu ni ma part de pillage, ni ma part de danger la nuit dernière, maître !

J'ai tendu l'hameçon, mais le poisson n'a pas été pour moi.

— Écoute... Hadji... tu peux avoir tout à l'heure ta part d'un brillant combat... ou en demeurer spectateur. Il s'agit de sortir avec le chebeck... de rejoindre la galère noire du commandeur des Anbiez... La marche de ton bâtiment est supérieure à celle de toutes les galères... tu hisseras un pavillon noir, et tu attireras le commandeur dans cette rade...

— Je comprends, maître...

— Tu me comprends, Hadji! la couleuvrine de la Maison-Forte nous a fait de telles avaries dans les œuvres hautes, qu'il se passera plusieurs jours avant que nous soyons radoubés de façon à pouvoir tenir la mer; mais nous pouvons en quelques heures être en état de soutenir un combat à l'ancre, et on aura vu peu de combats pareils, Hadji, si tu m'amènes dans cette baie la galère noire!... Si tu veux conserver le chebeck qui m'appartient, n'entre pas dans la baie, Hadji; une fois qu'elle aura vu la *Gallione rouge*, la galère noire ne songera guère à te poursuivre. Alors... fait voile vers le sud, je te donne le chebeck et les esclaves, Hadji.

— Ce n'est pas pour posséder le chebeck que j'agirai comme tu veux que j'agisse — répondit Hadji avec un orgueil sauvage.— Qui m'aurait empêché de profiter des offres d'Érèbe? qui m'empêcherait à cette heure de dire que je consens à ce que tu désires, et de faire voile vers le sud, au lieu d'aller au large te chercher cette galère noire? Je t'amènerai le navire du commandeur, et je prendrai part au combat, parce que cela me plaît, parce que, malgré ton calme apparent, il s'amasse dans ton âme quelque effroyable tempête que je veux voir éclater... Je suis curieux, maître.

— Eh! par la colère du ciel, dont je suis l'instrument!... tu verras éclater un bel orage, si tu reviens!

— Aussi reviendrai-je, maître.

— Et amène-moi Érèbe à l'instant.

— À l'instant, maître.

— Surtout... ne dis rien à Trymalcion de mon projet... cette brute grossière une fois engagée au milieu du feu fera son devoir... malgré elle...

— Soyez tranquille, maître... avant une heure la galère noire à ma poursuite doublera cette pointe...

— Et alors... et alors — se dit Pog en se parlant à lui-même d'un air inspiré, solennel... — alors cette baie, maintenant si tranquille, verra une de ces grandes tragédies dont le souvenir épouvante quelquefois l'humanité pendant plusieurs générations.

— Je pars et je reviens avec Érèbe, maître — dit Hadji.

Il disparut.

Pog s'agenouilla et pria.

CHAPITRE XXXVI.

L'ENTREVUE.

Pendant que le bohémien se rendait à bord de la *Gallione rouge*, Érèbe, presque considéré comme prisonnier, partageait la cabine du chebeck avec Reine et Stéphanette.

Malgré son courroux, malgré sa frayeur, malgré ses vives inquiétudes sur le sort de son père, mademoiselle des Anbiez n'avait pu rester insensible au désespoir d'Érèbe.

Il se reprochait l'enlèvement de Reine avec tant d'amertume, il avait tant fait pour obtenir du bohémien la liberté des deux jeunes filles que Reine en eut pitié.

Au moins, dans l'affreuse position où elle

se trouvait, elle pouvait compter sur un défenseur.

Un faible jour éclairait la petite chambre où étaient réunis ces trois personnages.

Stéphanette, épuisée de fatigue, dormait à demi couchée sur une natte.

Reine assise cachait son visage dans ses deux mains.

Érèbe debout, les bras croisés, baissait la tête ; de grosses larmes sillonnaient ses joues pâles.

— Rien... rien... je ne trouve rien — dit-il à voix basse — puis, levant sur Reine un regard suppliant, il ajouta : — Que faire ! mon Dieu ! que faire pour vous arracher des mains de ces misérables ?

— Mon père, mon père ! — dit sourdement mademoiselle des Anbiez. Puis, se retournant vers Érèbe : — Ah ! soyez maudit... vous qui avez causé tous mes maux... sans vous, je serais près de mon père... peut-être il est souffrant, peut-être il est blessé !!! mes soins ne lui manqueraient pas au moins... ah ! soyez maudit !!!

— Oui... toujours maudit ! — répéta Érèbe

avec amertume. — Maudit sans doute par ma mère à ma naissance... maudit par l'homme qui m'a recueilli !!! Maudit par vous !—ajouta-t-il d'une voix déchirante.

— N'avez-vous pas enlevé une fille à son père ? N'avez-vous pas été souvent le complice des brigands qui ont ravagé cette malheureuse ville — s'écria Reine avec indignation.

— Oh ! par pitié ne m'accablez pas... Oui, j'ai été leur complice... Mais, mon Dieu ! plaignez-moi... j'ai été élevé au mal, comme vous avez été élevée au bien ! Vous avez eu une mère ! vous avez un père ! vous avez toujours eu sous les yeux de nobles exemples à imiter... Moi, jeté par le hasard au milieu de ces misérables, à l'âge de quatre ou cinq ans, je crois, sans parents, sans protecteur, victime de Pog-Reis, qui par passe-temps, m'a-t-il dit hier, m'a dressé au mal comme on dresserait un jeune loup au carnage, habitué à n'entendre que le langage des plus mauvaises passions, à ne connaître aucun frein, au moins je me repens des maux que j'ai causés... je pleure... je pleure de désespoir, car je ne puis vous sauver ; ces larmes, les plus cruelles douleurs ne me les auraient pas arrachées... ces larmes, c'est le remords de vous avoir offensée qui les fait couler... Cette offense, j'ai tenté de la réparer en voulant vous reconduire à la maison de votre père. Malheureusement je n'ai pu y parvenir... Ah! si dans les roches de Provence, je ne vous avais pas vue si belle ce jour...

— Pas un mot de plus — dit Reine avec dignité. — C'est de ce jour que tous mes malheurs ont commencé... Oh! ce fut un jour fatal que celui-là!

— Bien fatal... oui bien fatal, car si je ne vous avais pas vue, je n'aurais senti aucune aspiration vers le bien... ma vie eût été toute criminelle... je n'aurais pas été tourmenté par les remords qui maintenant m'agitent. — dit Érèbe d'un air sombre.

— Malheureux — s'écria Reine, emportée malgré elle par son secret penchant — ne parlez par ainsi... Malgré tout le mal que vous m'avez fait, à moi et aux miens, je détesterai moins notre funeste rencontre si vous lui devez les seuls bons sentiments qui pourront peut-être un jour vous mettre en voie de sauver votre âme !

Reine des Anbiez prononça ces mots avec une émotion si vive, avec un tel accent d'intérêt, qu'Érèbe joignit les mains en la regardant avec autant d'étonnement que de reconnaissance.

— Sauver mon âme !... Je ne comprends pas vos paroles... Pog-Reis m'a dit qu'il n'y avait plus d'âme... mais enfin je vois que vous avez un peu pitié de moi. Ce sont les seuls mots de bonté que j'aie entendus depuis que j'existe. La dureté, la violence me révolte.... la bonté me dominerait sûrement... me rendrait meilleur, mais hélas ! à qui importe-t-il que je sois meilleur ? à personne !... Autour de moi je ne vois que haine, mépris... ou indifférence.

Il mit sa main sur ses yeux et garda le silence.

Reine ne put s'empêcher de plaindre cet infortuné et de frémir des détestables principes qu'il avait reçus.

Un moment elle se sentit émue d'une compassion douloureuse, elle ne put s'empêcher de penser que la force des bons instincts d'Érèbe suffirait peut-être pour le ramener au bien, que ce jeune cœur n'était pas sans doute entièrement corrompu.

Depuis qu'elle était au pouvoir des pirates, Érèbe ne s'était pas écarté des bornes du plus profond respect. S'il l'avait enlevée avec la plus criminelle audace, il se montrait du moins envers elle de la soumission la plus timide, la plus craintive...

Mademoiselle des Anbiez, touchée de ce nouveau contraste qui prouvait la lutte d'une nature généreuse contre une éducation perverse, pensait malgré elle à tout ce qu'aurait pu prétendre Érèbe, si un sort cruel ne l'avait jeté dans une voie si désastreuse.

Mais bientôt rougissant de ces sentiments de commisération, se reprochant d'oublier les inquiétudes que lui causait le sort de Raymond V, elle s'écria : — Et mon père, mon père !!... qu'est-il devenu? quand le reverrai-je? oh! c'est affreux!

Érèbe, croyant que Reine s'adressait à lui, répondit tristement :

— Croyez-vous que je ne tente pas tout au

monde pour vous arracher d'ici? Mais comment faire? Ah! sans vous... sans le vague espoir que j'ai de vous être utile... — Érèbe n'acheva pas... mais sa physionomie était si sombre que Reine effrayée s'écria : — Que voulez-vous dire?...

— Je veux dire que, lorsqu'on ne peut plus supporter la vie, on s'en débarrasse; lorsque vous serez en sûreté et sauvée, Érèbe vous donnera une dernière pensée, et il se tuera.

— Encore un crime! il terminera une vie déjà si coupable par un nouveau forfait! — s'écria Reine. — Mais vous ne savez donc pas que votre vie n'appartient qu'à Dieu!

Érèbe sourit amèrement.

— Ma vie m'appartient, puisque je puis m'en délivrer quand elle me pèse... Lorsque je vous aurai quittée, je ne pourrai plus vivre!... Si je ne me tue pas à vos pieds, c'est que j'espère encore vous être utile. A quoi bon vivre désormais? vous m'avez fait comprendre combien l'existence que je menais était criminelle. Mais l'avenir! l'avenir pour moi... c'est vous... et je suis indigne de vous... et vous ne m'aimez pas... et vous ne m'aimerez jamais. Ah!

maudit soit le bohémien qui m'a trompé, qui
m'a dit que vous n'aviez pas oublié celui qui
sauva la vie de votre père!...

— Jamais je n'ai oublié que vous êtes le
sauveur de mon père! — dit Reine avec dignité
— je ne dois jamais oublier non plus votre
violence à mon égard, mais je dois au moins
vous savoir gré de ce que vous avez fait pour
réparer cet outrage. Le repentir, le remords
des plus grands crimes trouvent grâce devant
le Seigneur! S'il permet que je revoie mon père
et ma maison, je vous pardonnerai... Avant
que de vous quitter je vous dirai : « Ne déses-
pérez pas de la bonté infinie de Dieu!... Au
lieu de vous livrer à un désespoir insensé,
abandonnez pour toujours ceux qui vous firent
leur complice, faites-vous instruire dans notre
sainte religion ; apprenez à connaître, à aimer,
à bénir le Seigneur.... devenez homme de
bien... prouvez, par une vie exemplaire, que
vous avez quitté la funeste voie où l'on vous
avait engagé, alors... on pourra ressentir de
la pitié... pour vos infortunes passées... alors
on pourra oublier vos outrages.... alors on

croira qu'en effet vous avez voulu expier de bien coupables actions ! »

— Et si je suivais vos conseils — s'écria Érèbe exalté par le noble et pieux langage de Reine — et si je devenais un homme de bien, pourrais-je un jour me présenter à la Maison-Forte de Raymond V?

Reine baissa les yeux.

La porte de la cabine s'ouvrit brusquement, le bohémien entra, et sauva peut-être à la jeune fille une réponse embarrassante.

Stéphanette s'éveilla en sursaut, et dit naïvement :

— Ah ! mon Dieu, mademoiselle, je rêvais que je me mariais avec ce pauvre Luquin, qui nous avait délivrées, et qu'il faisait pendre ce méchant vagabond.

— Tout ce que je désire, ma jolie fille — dit le bohémien en souriant avec effronterie — c'est que le contraire de votre rêve se réalise, ainsi que cela arrive ordinairement. Croyez que tels sont les vœux que je fais pour le capitaine Luquin.

— Que veux-tu? — s'écria Érèbe, en interrompant Hadji avec impatience.

— Je viens vous chercher... Pog-Reis vous demande ; il vous attend à bord de la *Gallione rouge.*

— Dis à Pog-Reis que je ne quitterai le chebek que pour conduire à terre mademoiselle des Anbiez. Elle n'a ici que moi de protecteur, je ne l'abandonnerai pas.

Le bohémien, connaissant la résolution d'Érèbe, préféra recourir à un mensonge que d'employer la force pour l'éloigner de mademoiselle des Anbiez ; il lui dit :

— Pog-Reis vous demande parce qu'il veut se débarrasser de vous ; il sait que vous avez tenté de faire agir son équipage contre ses ordres. Quant à ces deux femmes, il préfère une rançon... C'est vous qu'il charge d'aller la demander à Raymond V. Une fois l'argent ici, vous pourrez reconduire ces deux colombes à la Maison-Forte.

— C'est un piège pour m'éloigner d'ici — s'écria Érèbe. — Tu mens.

— Et si je voulais seulement vous éloigner d'ici, mon jeune maître, qui donc m'empêcherait d'appeler à moi nos gens, et de vous faire enlever ?

— J'ai un kandjar à ma ceinture!... — dit Érèbe.

— Et quand vous aurez poignardé un, deux, trois de ces honnêtes pirates, ne succomberez-vous pas tôt ou tard sous le nombre? Croyez-moi donc, venez à bord de la *Gallione rouge*, Pog-Reis vous donnera ses ordres et son caïque; vous irez trouver Raymond V, et demain vous pouvez être ici avec une bonne somme d'or que vous remettra de grand cœur le vieux baron pour revoir sa fille; demain, vous dis-je, vous pouvez emmener ces deux infantes.

— Mon Dieu! que faire? — s'écria Reine — cet homme dit peut-être vrai. Et mon père n'hésiterait pas à donner une somme si considérable qu'elle soit. Pourtant, si cet homme ment, nous perdons notre seul protecteur... — ajouta-t-elle en se retournant vers Érèbe.

Celui-ci se trouvait dans la même perplexité. Il sentait qu'il serait toujours obligé de céder au nombre, et qu'en refusant d'obéir à Pog-Reis, il pouvait aggraver la situation de mademoiselle des Anbiez.

L'ENTRÉVUE.

Après quelques moments de silence, Reine dit à Érèbe d'un ton rempli de courage :

— Allez trouver mon père, et donnez-moi cette arme — dit-elle en montrant le poignard qu'Érèbe portait à son côté. — Je reste sans défenseur ; mais au moins la mort saura me garantir du déshonneur...

Frappé de ses paroles si simples, si imposantes, Érèbe s'agenouilla respectueusement devant Reine, et lui donna son kandjar, sans prononcer une parole, comme s'il eût craint de profaner la solennité de cette scène.

Il quitta la cabine suivi du bohémien, s'embarqua dans un canot, et se rendit près de Pog, à bord de la *Gallionne rouge*.

Hadji laissa Érèbe à bord de ce bâtiment, et regagna son chebek, pour obéir aux ordres de Pog.

Le bohémien avait mis à la voile, et était sorti de la baie, que Reine et Stéphanette l'ignoraient encore.

Après quelques bordées, il distingua parfaitement au vent à lui la galère noire du commandeur et la polacre du capitaine Trinquetaille. Ces deux bâtiments venaient de la Ciotat. Quelques mots expliqueront leur présence en vue de la baie, et comment ils avaient pu suivre les traces des pirates.

CHAPITRE XXXVII.

LES TROIS FRÈRES.

Au point du jour, Pierre des Anbiez était arrivé à la hauteur du cap de l'Aigle.

A peine la galère noire avait-elle été mouillée dans le port de la Ciotat, que le commandeur était descendu à terre avec son frère.

Partout ils avaient rencontré les traces de la barbarie des pirates.

Les habitants éplorés savaient alors toute l'étendue de leurs pertes. Chaque famille savait quels étaient ceux des siens qui avaient péri ou qui avaient été emmenés captifs.

Pendant la bataille, on n'avait songé qu'à se défendre, qu'à repousser l'ennemi; la nuit avait voilé les désastres que le jour révélait dans toute leur horreur.

Là des murailles noircis par l'incendie soutenaient à peine quelques débris de charpente.

Plus loin c'était la maison-de-ville, dont il ne restait que les murs ; ses fenêtres brisées, son balcon démoli, sa porte réduite en cendres, ses assises charbonnées, où l'on voyait la trace d'une grêle de balles, prouvaient avec quelle vigueur les bourgeois s'étaient défendus.

La grande place de la Ciotat, théâtre de l'action la plus meurtrière de cette nuit fatale, était encombrée de cadavres.

Rien de plus désolant que de voir les malheureux habitants chercher parmi ces morts un père, un frère, un fils, un ami.

Lorsqu'ils avaient reconnu celui qu'ils cherchaient, les uns, pétrifiés de douleur, contemplaient d'un œil morne ces restes inanimés ; les autres poussaient des cris de vengeance impuissante, et jetaient au vent de vaines menaces ; ceux-là, enfin, dans leur rage insensée, couraient au port, comme s'ils avaient dû y trouver encore les galères des pirates.

Le commandeur et le père Elzéar parcoururent cette scène de désolation, répandirent, parmi les malheureux de pieuses consolations, et s'informèrent de Raymond V.

Ils apprirent qu'il avait fait une utile et courageuse diversion, en venant attaquer les pirates à la tête des gens de la Maison-Forte, mais personne ne put leur apprendre si le baron était ou non blessé.

Les deux frères, dans leur inquiétude, se rendirent en hâte à la Maison-Forte, suivis de quelques bas officiers de la galère, et de Luquin Trinquetaille, qui avait aussi ancré sa polacre dans le port.

Ils arrivèrent au château des Anbiez; le pont était baissé et la grande cour déserte, quoique ce fût l'heure du travail.

Ils montèrent l'escalier en toute hâte, arrivèrent à l'immense galerie où avait eu lieu la veille la pieuse cérémonie de la Noël.

Tous les habitants de la Maison-Forte, hommes, femmes, enfants, vieillards, étaient agenouillés dans cette vaste salle où régnait le plus profond silence.

Cette foule était si recueillie et regardait avec tant d'anxiété la porte entr'ouverte de la chambre de Raymond V, que personne ne s'aperçut de l'entrée du commandeur et du père Elzéar.

Au fond de la galerie, sous le dais, on voyait la crèche, chef-d'œuvre de dame Dulceline et du bon chapelain. Quelques bougies finissaient de brûler dans les lustres de cuivre. La colossale bûche de la Noël fumait au fond de la vaste cheminée encore entourée de rameaux d'arbres verts ornés de fruits, de fleurs et de rubans.

Rien de plus saisissant que ce tableau éclairé par les premières et pâles clartés d'un jour d'hiver... Rien de plus douloureux que ce contraste entre la fête de la nuit et le deuil du matin.

Après avoir un instant contemplé cette scène à la fois sinistre et imposante, le commandeur écarta doucement de la main quelques vassaux du baron pour se frayer un chemin jusqu'à la porte de la chambre du baron.

— Monseigneur le commandeur ! le bon père Elzéar.

Tels furent les mots qui circulèrent dans cette foule inquiète qui attendait avec angoisse des nouvelles de la santé de Raymond V.

On ne savait pas encore si ses blessures laissaient quelque espoir.

Pierre des Anbiez et son frère, marchant avec précaution, entrèrent dans la chambre du baron.

Le vieux gentilhomme, encore vêtu de ses habits de fête, était couché tout botté sur son lit.

Une pâleur livide couvrait sa figure vénérable. Ses longs cheveux blancs étaient souillés de sang.

L'abbé Mascarolus pansait les profondes blessures que le baron avait reçues à la tête. Honorat de Berrol assistait le chapelain dans ce pieux devoir.

Dame Dulceline, dont les larmes ne cessaient pas de couler, coupait des bandes de toile, tandis que le majordome Laramée, debout au pied du lit de son maître, contenait à peine ses sanglots, et semblait ne pas voir, ne pas entendre ce qui se passait autour de lui.

Les acteurs de cette triste scène étaient si douloureusement absorbés, que le père Elzéar et Pierre des Anbiez entrèrent inaperçus.

— Mon frère! — s'écrièrent à la fois le commandeur et le religieux en se précipitant à genoux auprès du lit de Raymond V, dont ils baisèrent avec ferveur les mains glacées.

— L'abbé, les blessures sont-elles graves? — dit le commandeur pendant qu'Elzéar demeurait agenouillé.

— Hélas! c'est vous, monsieur le commandeur — dit le chapelain en joignant les mains de surprise, — Que n'êtes-vous arrivé hier, tous ces malheurs ne nous auraient pas accablés... monseigneur ne serait pas en danger de mort.

— Grand Dieu! — s'écria Pierre des Anbiez.

— Il faut vite envoyer quérir frère Anselme, le chirurgien de ma galère... il vous aidera... il connaît les plaies faites par des armes de guerre.

Voyant Luquin Trinquetaille à la porte, le commandeur lui dit : — Vite, va chercher frère Anselme et amène-le.

Luquin disparut pour aller exécuter les ordres du commandeur.

L'abbé semblait écouter avec anxiété la respiration pénible de Raymond V... Enfin, le baron fit un léger mouvement, tourna sa tête du côté du chapelain sans ouvrir les yeux, et poussa un long soupir.

Le commandeur et le religieux interrogèrent l'abbé d'un regard inquiet.

Celui-ci fit un signe approbatif et profita de la situation du baron pour terminer de poser l'appareil sur ses blessures.

Le père Elzéar, inquiet de ne pas voir Reine au chevet du lit de son père dans un tel moment, dit à voix basse à Honorat : — Et Reine ! La malheureuse enfant n'aura pu supporter ce cruel spectacle.

— Grand Dieu ! — s'écria Honorat avec un étonnement douloureux — vous ne savez donc pas, mon père, tous les malheurs qui ont accablé cette maison ! Reine a été enlevée par les pirates !

Le père Elzéar et le commandeur se regardèrent stupéfaits.

— Mon Dieu ! mon Dieu ! épargnez ce dernier coup à sa vieillesse — dit le religieux en joignant ses mains avec ferveur et en levant vers le ciel un regard suppliant — faites qu'on puisse enlever cette malheureuse enfant de leurs mains.

— Et ces pirates... et ces pirates... ne sait-on de quel côté ils ont fui ? — dit le commandeur avec une rage concentrée. — Il faut interroger les patrons de barques qui vont arriver... la nuit était claire, on pourra avoir quelques renseignements.

— Hélas! Monsieur — dit Honorat — je suis seulement arrivé depuis une heure à la Maison-Forte, à cette maison que moi et les hôtes du baron nous avions laissée cette nuit si paisible. J'ignorais complètement ces affreux désastres ! Lorsqu'on a eu rapporté ici le baron évanoui, le bon abbé m'a envoyé aussitôt un exprès, et je suis venu pour voir mon second père presque mourant... et pour apprendre l'enlèvement de mademoiselle des Anbiez — ajouta Honorat avec désespoir.

Raymond V était toujours sans connaissance. De temps à autre il poussait un faible soupir, et retombait bientôt dans une sorte de torpeur léthargique.

Le commandeur attendait avec impatience le chirurgien de sa galère, il croyait ses counaissances supérieures à celles du chapelain.

Enfin, il arriva, suivi de Luquin Trinquetaille qui, malgré le profond silence qu'on gardait autour du blessé, cria dès la porte au commandeur : — Monseigneur, les pirates doivent être mouillés sur la côte, au plus à vingt-cinq ou trente lieues d'ici.

Pierre des Anbiez, faisant signe au digne capitaine de se taire, alla rapidement vers lui, l'emmena dans la galerie alors déserte, car les vassaux s'étaient retirés sur l'invitation du chapelain.

— Que dis-tu ? demanda le commandeur à Trinquetaille — qui t'a dit cela ?

— Monseigneur, c'est un patron de barque, Nicard. Cette nuit il a passé très près de deux galères et d'un chebek qui rangeaient la côte, il a reconnu facilement la *Gallione rouge*. Ces bâtiments marchaient lentement, lentement, comme s'ils avaient eu des avaries assez fortes pour les forcer à relâcher d'un moment à l'autre dans l'un des hâvres déserts de la côte.

— C'est juste — dit le commandeur en réfléchissant — il faut qu'ils aient de graves avaries pour rester sur ces côtes, au lieu de fuir vers le sud avec leurs captifs et leur butin.

— C'est sans doute, Monseigneur, la coulevrine de la Maison-Forte qui leur aura causé ces avaries ; car Pierron le pêcheur m'a dit qu'ils avaient continuellement entendu et vu tirer cette artillerie, lorsque les galères de ces démons ont doublé la pointe de l'île Verte, et cette passe peut servir de point de mire à la coulevrine ; maître Laramée me l'a dit cent fois.

— La vengeance du Seigneur va donc atteindre ces bandits encore gorgés de sang et de pillage — dit le commandeur d'une voix sourde. — Peut-être pourrai-je arracher de leurs mains la malheureuse fille de mon frère.

Et aussi sa suivante Stéphanette, s'il vous plaît, monseigneur — dit Luquin. — Ces brigands l'ont enlevée, sans doute, avec l'aide d'un bohémien maudit que le bon Dieu enverra peut-être un jour à la portée de mon bras.

— Il n'y a pas un moment à perdre — dit le commandeur après avoir réfléchi pendant quelques minutes. — Puis, s'adressant à Luquin, cours au port, donne l'ordre de ma part au roi des chevaliers de faire tout préparer pour le départ de ma galère, tu me suivras avec ta polacre. A quelle hauteur le patron Nicard a-t-il rencontré la *Gallione rouge* ?

— A la hauteur de l'île Saint-Féréol, monseigneur.

— Nous n'aurons donc pas à visiter la côte en deçà de l'île Saint-Féréol. Une fois en mer, tu mettras toutes voiles dehors pour aller examiner les points de la côte qui pourraient servir de retraite aux pirates. Si tu vois quelque chose de suspect, tu viendras me rendre compte. Je me tiendrai toujours à portée de vue de ton bâtiment.

— Que le ciel bénisse votre entreprise, monseigneur, et qu'il fasse que je puisse vous être en aide !...

Luquin Trinquetaille, enflammé de l'espoir de retrouver peut-être Stéphanette et de pouvoir se venger du bohémien, courut au port en toute hâte.

Pierre des Anbiez rentra dans la chambre de Raymond V. Le chirurgien de sa galère lui donna quelque espoir, la respiration du blessé était moins oppressée et sa somnolence semblait moins pesante.

Le commandeur resta quelques moments sombre et pensif en contemplant son frère. Des pressentiments qu'il ne pouvait vaincre, et qui vinrent subitement l'assaillir, lui disaient que cette journée lui serait fatale. Il était navré de quitter Raymond V sans avoir été reconnu par lui; le temps pressait, il approcha du lit de son frère, se pencha vers lui et baisa ses joues glacées en disant à voix basse et entrecoupée : Adieu... adieu, mon pauvre frère... adieu...

Lorsqu'il se releva, sa figure austère et dure était émue, une larme sillonnait sa joue:

— Embrassez-moi, mon frère — dit-il à Elzéar. — Je pars pour un combat... un combat acharné, car la *Gallione rouge* est intrépide. J'ai l'espoir de rencontrer les pirates dans quelque hâvre de la côte.

— Monsieur le commandeur... je vous suis, — s'écria Honorat de Berrol — quoiqu'il m'en coûte de quitter Raymond V dans un pareil moment; je vous demande de me prendre comme volontaire.

Pierre des Anbiez semblait agité par une lutte intérieure ; il connaissait le courage d'Honorat, mais il savait aussi combien était hasardeuse l'entreprise qu'il allait tenter, il prévoyait un de ces combats funestes pour tous ceux qui y prennent part.

— Je comprends votre ardeur — lui dit-il — nous pouvons rencontrer les pirates, peut-être leur enlever Reine des Anbiez ; mais si je ne reviens pas, mais si sa fille ne revient pas? et lui? — dit-il, montrant Raymond V à Honorat — lui? qui donc le consolera? ne vous aime-t-il pas comme un second fils?

— Et si vous ne revenez pas? et si sa fille ne revient pas? — s'écria Honorat — qui me consolera, moi, de ne vous avoir pas suivi et de n'avoir pas partagé vos dangers?

— Venez donc — dit le commandeur — je ne puis plus longtemps combattre une si noble résolution... partons... Encore adieu, mon frère, priez pour nous — dit le commandeur en serrant tendrement le père Elzéar dans ses bras.

— Hélas! puisse le Seigneur favoriser votre entreprise ! Puissiez-vous ramener cette malheureuse enfant, et que notre frère, en sortant de ce douloureux sommeil, trouve sa fille agenouillée à son chevet !

— Que le ciel vous entende, frère ! — dit le commandeur. Il serra une dernière fois la main glacée de Raymond V, sortit en toute hâte et se rendit au port. Il y trouva sa galère prête à partir, et mit à la voile suivi de la polacre du brave Trinquetaille.

. . . .

Ce fut ainsi que la galère noire se trouvait en vue de la baie de Lerins, où étaient mouillées les deux galères des pirates, lorsqu'Hadji sortit de la rade avec son chebek pour exécuter les ordres de Pog et emmener à sa poursuite la galère de la religion.

CHAPITRE XXXVIII.

PRÉPARATIFS DE COMBAT.

Le vent était favorable à la galère noire et à la polacre ; après avoir dépassé l'île de Lerol, les deux bâtiments ralentirent leur marche.

Luquin Trinquetaille visita les différents hâvres de la côte, sans rencontrer les bâtiments pirates qu'il devait signaler au commandeur par un coup de pierrier.

Vers le soir, au moment où le soleil commençait à s'abaisser à l'horizon, la galère noire et la polacre arrivèrent en vue des îles Sainte-Marguerite, au moment où le chebek d'Hadji était, ainsi que nous l'avons dit, sorti de la rade par ordre de Pog, pour aller à la rencontre des bâtiments des chrétiens, et les attirer à sa poursuite.

Le capitaine Trinquetaille signala le chebek, et fit force de voiles pour le rejoindre.

Le bohémien ralentit au contraire sa marche, et l'attendit.

Le fiancé de Stéphanette, à l'aide de sa longue-vue, reconnut Hadji, qui gouvernait lui-même son petit navire.

Le digne capitaine de la *Sainte-Épouvante des Moresques* frémit de rage à cette rencontre; il eut besoin de tout son empire sur lui-même pour ne pas aller attaquer celui qu'il croyait l'auteur de l'enlèvement de Stéphanette; mais, fidèle aux ordres du commandeur, il doubla la pointe de Lerol, et vit bientôt la *Gallione rouge* et la galère de Trymalcion mouillées dans la baie, très-proche l'une de l'autre.

Ayant ainsi connaissance certaine des pirates, il rallia la galère noire pour annoncer cette découverte à Pierre des Anbiez, pendant que le chebek d'Hadji rentrait sous toutes voiles dans la baie.

Lorsqu'il arriva à poupe du bâtiment de la religion pour donner cette nouvelle au pilote, celui-ci lui ordonna, de la part du commandeur, de mettre sa polacre en panne, et de monter à bord.

Luquin s'y rendit, voyant avec désespoir que le chebek d'Hadji, qu'il brûlait de combattre, lui échappait.

Les chevaliers étaient rassemblés sur le pont de la galère, qui avait fait, selon le langage maritime de ce temps, *armes en couverte*, ou *branle-bas de combat*, ainsi qu'on disait à bord des vaisseaux.

Les rambades, qui formaient à la proue une espèce de château d'avant, où étaient en batterie les cinq pièces d'artillerie de la galère, furent revêtues de *paillets* * de plusieurs pouces d'épaisseur. Cette couverture devait amortir l'effet des projectiles ennemis.

On avait ensuite, dans le cas d'un abordage, établi et élevé un retranchement appelé *bastion*, qui s'étendait dans toute la large de la galerie, à la hauteur du quatrième banc de proue.

* Sortes de grosses toiles matelassées et rembourrées d'étoupe.

Ce retranchement était construit de poutres et de traverses, dont les interstices étaient remplis de vieux cordages et de débris de voiles. Cet ouvrage haut de six pieds du côté de la poupe, n'avait que cinq pieds du côté de la proue, vers laquelle il s'abaissait en forme de glacis jusqu'au niveau des rambades.

Ce bastion devait empêcher l'artillerie ennemie de prolonger la galère par des feux d'enfilade.

Les bas officiers et les soldats étaient armés de morions d'acier, de buffle et de hausse-cols de fer. Les mèches fumaient près des canons et des pierriers; les mâts avaient été désarborés et placés dans la coursie; car les galères ne se battaient jamais à la voile, mais à la rame.

Les esclaves qui composaient la chiourme regardaient ces préparatifs du combat avec une terreur muette ou une insouciance stupide.

Ces malheureux, enchaînés à leurs bancs, n'étaient pas autrement comptés que comme puissance locomotive. La manœuvre de force à laquelle ils étaient assujettis à bord de la galère, bien qu'horriblement fatigante, leur laissait le calme nécessaire pour envisager le péril.

Leur position était doublement cruelle ; spectateurs bâillonnés * et passifs d'un combat acharné, ils ne pouvaient même, pour s'étourdir au milieu du danger, assouvir cette ardeur animale et féroce que l'instinct de conservation éveille toujours chez l'homme à la vue du carnage, ardeur ou courage qui fait rendre coup pour coup, ou tuer pour ne pas être tué.

Les esclaves n'avaient pas non plus l'espoir d'une félicitation banale après la victoire. Si leur bâtiment était vainqueur, ils continuaient de ramer à son bord ; s'il était vaincu, ils ramaient à bord du vainqueur.

Placés pendant l'action entre les boulets de l'ennemi et les pistolets des argousins, qui les tuaient au moindre refus de voguer, les gens de la chiourme n'avaient qu'un moyen d'é-

---

* On bâillonnait généralement la chiourme au moyen d'un morceau de liége appelé *tap* ; il y avait pour cela un commandement : *Alerte le tap en bouche !* Le *tap* s'attachait par des cordons derrière les oreilles.

chapper à une mort certaine, c'était de s'exposer à une mort moins certaine ; comme après tout chaque boulet n'arrivait pas en pleine galère, et que le pistolet de l'argousin était appliqué en pleine poitrine, les esclaves se résignaient et voguaient.

Dans tous les cas, ils étaient indifférents à la victoire, et souvent intéressés à la défaite, car, selon que les vainqueurs étaient Turcs ou Arabes, ils délivraient souvent leurs nationaux ; quand aux renégats, toute chiourme leur était bonne. Aussi les forçats de la galère noire, sachant qu'on allait combattre contre la *Gallione rouge*, étaient-ils assez insouciants du succès de l'engagement.

On se préparait au combat dans le plus profond silence.

La physionomie austère, tranquille, des soldats de la croix, montrait qu'il n'y avait rien de nouveau pour eux dans ces apprêts.

Les chevaliers inspectaient soigneusement les différents services dont ils étaient chargés ; tout se passait avec un calme grave. On eût dit qu'il s'agissait des préparatifs de quelque solennité religieuse.

Les chevaliers rassemblés à la poupe examinaient la position des deux galères des pirates.

Lorsque Luquin Trinquetaille arriva sur le pont, le comite lui ordonna d'attendre le commandeur, qui allait bientôt monter.

Pierre des Anbiez, agenouillé dans sa chambre, priait avec ferveur. Depuis son départ de la Maison-Forte, de noirs, de funestes pressentiments avaient assailli son esprit. Dans l'axaltation de ses remords, il avait vu une coïncidence providentielle entre son retour et les affreux désastres qui venaient d'accabler sa famille.

Il s'accusait d'avoir, par son crime, appelé la vengeance céleste sur les siens.

Son imagination, surexcitée par les violentes émotions qui venaient de l'assiéger, évoqua des fantômes étranges.

En jetant un regard sombre et craintif sur le portrait de Pog (M. de Montreuil), qu'il avait suspendu dans sa chambre, il lui parut que les yeux de ce portrait brillaient d'un éclat surnaturel.

Deux fois il s'approcha du cadre pour s'assurer qu'il n'était pas le jouet d'une illusion, deux fois il recula épouvanté, sentant son front baigné d'une sueur froide, ses cheveux se hérisser sur sa tête.

Alors il fut frappé de vertige, sa raison l'abandonna ; il ne vit plus rien... Des objets sans nom passèrent devant ses yeux avec une effrayante rapidité ; il lui sembla qu'il était emporté dans le même tourbillon.

Peu à peu il revint à lui ; cette aberration cessa, il se retrouva dans la chambre de la galère, face à face avec le portrait de Pog.

Pour la première fois de sa vie, en songeant au combat qu'il allait livrer contre les pirates, le commandeur éprouva un pressentiment sinistre. Au lieu d'aller à la bataille avec l'impétuosité sauvage qui le caractérisait, au lieu de songer avec une sorte de joie farouche au tumulte de la mêlée, dont les mille voix furieuses pouvaient seules étouffer un instant la grande voix de ses remords, le commandeur eut des pensées de mort.

Il tressaillit en se demandant si son âme pouvait paraître devant le Seigneur... si les austérités qu'il s'imposait depuis tant d'années suffisaient à l'expiation de son crime.

Effrayé, il se jeta à genoux, et se mit à prier avec ferveur, suppliant Dieu de lui donner le courage et la force d'accomplir sa dernière mission, peut-être de faire encore une fois triompher la croix, et d'enlever Reine des Anbiez à ses ravisseurs.

Le commandeur terminait sa prière lorsqu'on frappa à sa porte.

Pierre se releva.

Le canonnier, maître Huges, parut.

—Que veux-tu?

— Un homme, envoyé par ces mécréants, vient en parlementaire dans un canot. Monsieur le commandeur, faut-il le couler d'un coup de pierrier, ou le faire monter à bord?

— Fais-le monter.

— Où le conduirai-je?

— Ici.

Pierre des Anbiez crut pénétrer le sujet de cette démarche. Les pirates, ayant Reine des Anbiez en ôtage, voulaient sans doute traiter de sa rançon.

Le maître canonnier revint suivi du bohémien.

— Que veux-tu ? — lui dit le commandeur.

— Faites retirer cet homme, monseigneur ; vos oreilles seules doivent entendre ce que ma bouche va dire.

— Tu es bien impudent — reprit Pierre des Anbiez, en jetant un regard perçant sur Hadji.

Puis il ajouta, en s'adressant à maître Hugès : — Laisse-nous, va-t'en.

— Seul avec ce bandit, monsieur le commandeur ?

— Nous sommes trois — dit Pierre des Anbiez en montrant sa masse d'armes accrochée à la cloison.

— Me prends-tu donc pour un assassin ? — dit Hadji avec fierté.

Le canonnier haussa les épaules, et sortit presque avec regret, quoique la haute taille et les membres robustes de son capitaine, comparés à la stature grêle du bohémien, eussent dû le rassurer.

— Parle... puisque je veux bien ne pas te faire crucifier encore à l'avant de ma galère — dit Pierre des Anbiez au bohémien.

Celui-ci conservant son audace accoutumée, répondit :

— Quand mon heure viendra elle me trouvera. Pog-Reis, maître de la *Gallione rouge*, m'envoie vers vous, monseigneur. C'est bien lui qui, cette nuit, a attaqué la Ciotat; c'est bien lui qui a Reine des Anbiez en son pouvoir.

— Assez, assez, misérable ! ne te vante pas plus longtemps de tes crimes, ou je te fais arracher la langue ! Que viens-tu demander ? J'ai hâte d'aller châtier tes complices et d'en faire un terrible exemple. Si tu viens parler de grâce et de rançon, écoute bien le sort qui attend toi et les tiens : qu'ils tentent ou non de se défendre, ils seront tous conduits enchaînés à la Ciotat, et brûlés au milieu de la place de la maison-de-ville... Entends-tu bien ?

— J'entends bien — dit le vagabond avec un imperturbable sang-froid. — Pog-Reis ne s'oppose pas à ce que vous fassiez brûler son équipage.

— Que veux-tu dire ? Qu'il me livre ses complices, si je lui laisse la vie sauve ? C'est juste, tant de barbarie doit cacher une ignoble lâcheté. S'il en est ainsi : je me ravise. Les deux capitaines de galère et toi, vous serez écartelés tous trois avant que d'être brûlés, et cela lors même que vous me livreriez vos complices pieds et poings liés pour subir le supplice qu'ils méritent... Ainsi, va-t'en... va-t'en dire cela aux tiens ; va-t'en ! mon sang bouillonne en songeant à cette malheureuse ville, à mon frère ! va-t'en, je ne veux pas souiller mes mains du sang d'un bandit, et je veux que tu ailles prévenir tes complices du sort qui les attend !

— Je ne suis pour rien dans le massacre de la ville, monseigneur.

— Finiras-tu ?

— Eh bien ! monseigneur, Pog-Reis et l'autre capitaine vous proposent un combat singulier à vous et à un de vos chevaliers, deux contre deux, à l'épée espagnole et au poignard. S'il est tué, vous attaquerez ses galères après le combat singulier, et vous les enlèverez plus facilement encore, car ce seront deux corps sans tête. Si vous êtes tué, votre lieutenant attaquera les galères de Pog-Reis. Le désir de venger votre mort donnera une nouvelle ardeur à vos soldats et nul doute qu'ils n'offrent en holocauste Pog-Reis et son équipage à vos mânes ! Cela ne change donc rien à vos projets ; seulement le capitaine de la *Gallione rouge* veut se trouver face à face avec le capitaine de la galère noire. Le tigre et le lion peuvent bien s'affronter.

Le commandeur avait écouté cette proposition aussi insolente qu'inouïe dans le silence de la stupéfaction.

Lorsque le bohémien eut cessé de parler, Pierre des Anbiez dans sa colère ne put s'empêcher de le prendre à la gorge, et s'écria : — Comment, misérable ! c'est là le message dont tu es chargé... Oser venir me proposer de croiser mon épée avec un assassin tel que Pog-Reis ou un de ses bandits... Sainte-Croix !.. — ajouta le commandeur en repoussant si vivement le bohémien qu'il alla trébucher à l'autre bout de la chambre — pour te punir de ton imprudence, je veux te faire donner vingt coups de fouet sur le coursier avant que de te livrer au supplice.

Le bohémien lança un regard de tigre sur Pierre des Anbiez, serra convulsivement dans sa rage ses mâchoires l'une contre l'autre ; mais, voyant qu'il aurait le dessous dans une lutte contre le commandeur, il se contint et reprit :

— Pog-Reis, monseigneur, avait compté sur un premier refus ; pour vous décider, il m'a dit de vous rappeler que la fille de votre frère était en son pouvoir. Si vous refusez sa proposition, si vous attaquez ses galères de vive force, Reine des Anbiez et tous les captifs que nous avons faits seront à l'instant mis à mort...

— Misérable !...

— Si au contraire vous acceptez le combat et que vous m'en donniez pour gage votre gantelet... Reine des Anbiez sera à l'instant amenée à votre bord, et vous sera rendue sans rançon... ainsi que les prisonniers que Pog-Reis a emmenés de la Ciotat..

— Je ne ferai jamais de conditions avec de pareils meurtriers... Va-t'en.

— Songez-y monseigneur, Pog-Reis, si vous l'attaquez, se défendra vigoureusement. S'il a le dessous, il fera sauter sa galère ; vous n'aurez ni lui, ni Reine des Anbiez, ni les captifs, tandis que vous rendrez cette jeune fille à son père et les captifs à leur ville, en acceptant ce combat.

— Tais-toi... — dit le commandeur qui ne put s'empêcher de réfléchir à ce que cette proposition avait d'avantageux malgré son audacieuse insolence.

— Enfin — dit Hadji, comme s'il eût gardé cette dernière considération comme la plus décisive — enfin l'esprit mystérieux veut le combat que Pog-Reis vous propose... Oui, ce matin, après l'attaque de la Ciotat, Pog-Reis épuisé de fatigue s'est endormi, il a eu un songe : une voix lui a dit qu'un combat singulier entre lui et un soldat de la croix devait aujourd'hui expier un grand crime.

Ces derniers mots du bohémien frappèrent le commandeur ; il tressaillit. Déjà il croyait dans l'exaltation de ses remords que son crime avait attiré sur sa famille les maux affreux qui venaient de l'accabler. Quand il entendit Hadji parler de l'expiation d'un grand crime, il crut lire la volonté de Dieu dans ces paroles dites au hasard.

— Quel songe ? quel songe ?... Parle... —

dit-il au bohémien d'une voix sourde avec une secrète épouvante.

— Que vous importe le songe, monseigneur ?

— Parle, te dis-je... parle.

— Pog-Reis a été emporté dans l'espace des visions — reprit Hadji avec une emphase orientale. — Il a entendu la voix de l'esprit... Elle lui a dit : Regarde... et il a vu une femme dans un cercueil... et cette femme avait été frappée au cœur et sa blessure saignait. Et auprès de la femme morte, Pog-Reis a vu s'élever le fantôme d'un soldat du Christ... Ce fantôme, c'était toi.

— Moi... moi ! — s'écria le commandeur, immobile de stupeur.

— Toi... — dit Hadji en contenant sa joie, car il voyait que le récit arrangé par Pog-Reis répondait aux vœux du pirate.

Pog (M. de Montreuil), jugeant du caractère religieux et exalté du commandeur par les lettres que le bohémien avait surprises dans la cabane du guetteur, ne doutait pas que Pierre des Anbiez ne fût vivement frappé, et ne fût peut-être décidé au combat par la supposition de ce songe. Cette révélation devait en effet l'impressionner profondément, lui paraître presque surnaturelle, puisqu'il croyait son crime à tout jamais enseveli dans l'oubli.

— Ah!... Dieu le veut... Dieu le veut — murmura tout bas le commandeur.

Le bohémien continua sans paraître l'entendre.

— L'esprit à dit Pog : Demain tu combattras ce soldat du Christ seul à seul, et un grand crime aura été expié... Pog-Reis a commis de grands crimes, monseigneur, il n'avait jamais eu de remords, la révélation de l'esprit l'a touché... il a voulu lui obéir. Il vous offre donc le combat... Prenez garde de le refuser. Chrétien! le Dieu de tous envoie à tous indistinctement ses songes. C'est par les songes qu'il leur dit sa volonté! peut-être, il te choisit toi, saint homme, pour l'instrument d'une grande vengeance, tu dois obéir... Peut-être, en te demandant le combat, Pog-Reis te demande-t-il la mort...

On comprend la stupeur, l'effroi du commandeur. Dans ces paroles, il vit une révélation divine, il crut entendre la voix du Seigneur lui ordonner cette expiation.

Au contraire du bohémien, il se croyait la victime que la colère céleste voulait faire tomber sous les coups de Pog.

Enfin, en acceptant le combat, il assurait le salut de Reine des Anbiez, il rendait une fille à son père, des prisonniers à leur famille éplorée... dernière preuve que la justice divine ne voulait frapper que lui, puisqu'elle lui offrait les moyens de réparer en partie les maux que son crime avait peut-être attirés sur les siens.

Si l'on réfléchit que les remords incessants de Pierre des Anbiez, sans altérer sa raison, l'avaient du moins prédisposé à une sorte de fatalisme religieux, sans doute peu orthodoxe, mais fait pour impressionner vivement son caractère sombre et concentré, on comprendra l'effet écrasant que le langage d'Hadji dut produire sur lui.

Après un moment de silence, il dit au bohémien.

— Va-t'en sur le pont, je te dirai mes ordres.

Puis le commandeur fit venir un comite, et lui commanda de conduire Hadji sur le pont, de le surveiller et de le prendre sous sa protection.

CHAPITRE XXXIX.

LE DÉFI.

Le commandeur fit prier le chapelain de la galère noire de descendre dans sa chambre... Pendant que Pierre des Anbiez se confessait de ses péchés (à l'exception du cas de meurtre réservé pour la grande pénitencerie de l'ordre) et recevait l'absolution, le bohémien remonta sur le pont. La première personne qu'il y rencontra fut le capitaine *de la Sainte-Épouvante des Moresques par la grâce de Dieu.*

Hadji, affectant une aisance parfaitement impertinente, s'approcha de Luquin Trinquetaille et lui dit :

— Qui aurait cru, mon garçon, que nous

nous retrouverions ici, lorsqu'à la Maison-Forte de Raymond V, cette jolie fille que vous savez me donnait des rubans couleur de feu, ce dont vous enragiez si fort?

Cet excès d'impudence rendit un instant muet le digne capitaine; mettant la main sur son sabre, il allait attaquer Hadji, sans le comite qui lui représenta que le bohémien était sous sa protection par ordre du commandeur.

— Il est un endroit où nous nous retrouverons encore, misérable — dit Luquin — ce sera sous la potence où tu seras pendu! car mort-Dieu, quoique l'office du bourreau me répugne, je vendrais jusqu'à ma polacre pour avoir le droit de te mettre la corde au col.

— Ingrat, vous ne pensez pas au chagrin que vous causeriez à Stéphanette; la pauvre fille m'aime tant, qu'elle mourrait de chagrin de me voir pendu et par vous encore!

— Tu mens... tu mens comme un chien. Oh! que ne puis-je t'arracher ta langue maudite.

— Vous auriez raison, mon garçon, de m'arracher la langue, car ce sont mes paroles dorées qui m'ont ouvert le cœur de cette jolie fille; tout-à-l'heure encore, à bord de mon chebek où elle était avec moi, elle me disait, en appuyant sa tête sur mon épaule...

— Tu mens... tu blasphèmes — s'écria Luquin en furie.

— Elle me disait donc en appuyant sa tête sur mon épaule — reprit le bohémien avec un imperturbable sang-froid : — Quelle différence, mon beau capitaine, entre votre langage galant et enchanteur, et le grossier ramage de cette espèce de héron à longues jambes qui venait lourdement voltiger autour de moi. C'est de vous qu'elle parlait ainsi, mon pauvre garçon.

— Tenez, comite — dit Luquin pâle de mâle-rage — permettez-moi seulement de couper la figure de ce misérable à coups de fourreau de sabre.

— Si ses paroles vous blessent, ne l'écoutez pas — dit le comite. — Le commandeur m'a confié la garde de ce païen, je ne puis souffrir qu'il lui soit fait aucun mal.

Luquin poussa un gémissement d'indignation concentré.

— Après tout — reprit le bohémien avec une

suffisance dédaigneuse — cette fille est assez gentille; mais vous l'avez rendue si sotte, mon garçon, qu'il m'a suffi du tête-à-tête que j'ai eu avec elle depuis hier, pour m'ôter la fantaisie de continuer l'entretien. Vous pouvez l'épouser quand vous voudrez, mon garçon; seulement quand vous la verrez triste, vous n'aurez qu'à lui dire mon nom pour la faire tendrement sourire, puisque mon souvenir vivra éternellement dans son cœur. Pauvre fille, elle me le disait encore tantôt en me baisant la main comme à son seigneur.

Le malheureux Luquin ne put en entendre davantage; après avoir montré ses deux poings fermés au bohémien, il s'éloigna brusquement, poursuivi par un sourire ironique du vagabond...

Nous avons dit que le soleil commençait à décliner, la mer était calme; au loin entre deux pointes de rochers, on voyait presqu'au fond de la baie la *Gallione rouge* et la galère de Trymalcion mouillées près l'une de l'autre, et non loin d'elles et en panne le chebek d'Hadji.

Le canot qui avait amené Hadji se balançait

sur les vagues, amarré à la poupe de la galère noire.

Le ciel était pur, seulement au couchant on voyait une large zone de nuages d'un gris rougeâtre.

Maître Hughes, le canonnier, s'approcha du comite qui gardait le bohémien, et lui dit, en secouant la tête et lui montrant l'occident :

— Frère, je n'aime pas ces nuées qui s'amassent là-bas, elles sont sinistres, nous sommes en plein calme... Si le soleil, en se couchant, dissipe ce nuage, la nuit sera belle ; si le nuage au contraire couvre le soleil.... avant son coucher...

— Je vous entends, frère Hughes, il pourra y avoir une *saute de vent,* un ouragan, et la nuit sera mauvaise—reprit le comite.—Heureusement nous avons encore du temps. — Et se retournant vers Hadji : — Peu importe à toi et aux tiens d'être pendus par un grand vent ou par un calme?...

— J'aime mieux être pendu par un grand vent, comite, le vent vous berce et l'on s'endort plus vite dans l'éternité—répondit Hadji avec une indifférence dédaigneuse.

Le commandeur parut sur le pont.

Les chevaliers rassemblés à l'arrière s'écartèrent avec respect.

Pierre des Anbiez était complètement vêtu de noir. Sa figure semblait encore plus pâle, encore plus sombre qu'à l'ordinaire. A son côté il avait une lourde épée à garde de fer, et un long poignard dans son fourreau bronzé; sa main droite était gantée de buffle noir, sa main gauche était nue.

Il fit un signe au bohémien et lui jeta son gantelet gauche.

Hadji le ramassa, il allait parler... Le commandeur, d'un geste impérieux, lui montra le canot qui l'avait amené.

Hadji descendit dans son embarcation; on la vit bientôt se diriger à force de rames vers les galères des pirates.

Étonnés de l'action du commandeur, les chevaliers et Honorat de Berrol qui était parmi eux se regardèrent avec surprise.

Le commandeur suivit quelque temps des yeux le canot du bohémien, puis, se retournant vers le groupe qui l'entourait, il dit à haute voix :

— Frères, on combattra tout-à-l'heure les galères de ces mécréants ; elles sont mouillées près l'une de l'autre. On mettra en mer le grand caïque. Les *buon-voglies* y rameront, la moitié des soldats y descendront ; pendant que la galère noire attaquera la *Gallione rouge*, le caïque attaquera l'autre bâtiment pirate. — S'adressant au roi des chevaliers, le commandeur continua : — Vous commanderez la galère noire, frère ; le frère de Blinville, le plus ancien lieutenant de galère, commandera le caïque. Maintenant, comite, vogue avant : partout ! forcez de rames ! le soleil baisse, il ne nous reste qu'une heure de jour pour châtier ces infidèles.

Quoique les chevaliers n'eussent pas compris pourquoi Pierre des Anbiez abandonnait le commandement de la galère noire et de la caïque à d'autres qu'à lui, ils se hâtèrent d'exécuter ses ordres.

Une partie de l'équipage s'embarqua en armes dans la grande chaloupe de la galère qui fut mise à la mer sous les ordres du chevalier de Blinville, et les deux bâtiments se dirigèrent à toutes rames vers l'entrée de la baie.

Le second du capitaine Trinquetaille imita cette manœuvre, et dirigea la polacre de façon, à suivre ce mouvement et à se tenir toujours dans les eaux de la galère noire, le commandeur ayant ordonné à Luquin de rester à son bord jusqu'à nouvel ordre.

Honorat s'approcha du commandeur.

— Je voudrais combattre à vos côtés, monsieur le commandeur, Reine des Anbiez était ma fiancée... Raymond V a été un second père pour moi, ma place est au fort du péril.

Pierre des Anbiez regarda fixement Honorat.

— C'est vrai, chevalier — lui dit-il — vous avez une double vengeance à tirer de ces misérables. Pour assurer la liberté de Reine, avant l'action j'ai consenti à me battre en combat singulier avec l'un des deux capitaines pirates. Je dois emmener un second ; voulez-vous l'être ?...

— Vous... monsieur, vous !! accepter une telle proposition... — s'écria Honorat — faire un tel honneur à...

— Voulez-vous ou non tirer l'épée et le

poignard quand je les tirerai, jeune homme !
— dit brusquement Pierre des Anbiez.

— Je ne puis qu'être fier de faire ce que vous ferez, monsieur le commandeur. Mon épée est à vos ordres.

— Allez donc vous armer, et tenez-vous prêt à me suivre quand je descendrai.

Après un moment de silence, il ajouta :

— Vous voyez cette chaloupe qui double la pointe... elle ramènera à bord de ma galère Reine des Anbiez et les captifs de la Ciotat.

— Reine — s'écria Honorat.

— La voilà — dit le commandeur.

En effet, la chaloupe d'Hadji approchait rapidement ; le chevalier de Berrol reconnut bientôt Reine, Stéphanette, deux autres jeunes filles et une vingtaine d'habitants de la Ciotat emmenés après la descente des pirates.

Les chevaliers ignoraient les conventions faites entre le commandeur et le bohémien. Ils ne pouvaient comprendre comment les pirates renvoyaient ainsi leurs prisonniers.

Lorsque la chaloupe fut à portée de voix, le commandeur ordonna au comite de faire lever les rames de la galère pour attendre cette embarcation, qui accosta bientôt.

Pierre des Anbiez s'avança au haut de l'espale; il y reçut sa nièce, qui se jeta dans ses bras avec toute l'effusion de la reconnaissance.

— Et mon père! — s'écria la jeune fille.

— Votre retour calmera sa douleur, mon enfant — répondit le commandeur, qui ne voulait pas instruire Reine du sort fatal de Raymond V.

— Honorat, c'est vous! — dit Reine en tendant la main au chevalier, qu'elle n'avait pas encore aperçu. — Hélas! mon ami, dans quelle triste circonstance je vous revois! Mais qui donc est resté auprès de mon père comment l'avez-vous laissé seul?

— Reine, il s'agissait de vous sauver, j'ai suivi le commandeur. Le père Elzéar est à la Maison-Forte près de Raymond V.

— Mais maintenant me voici libre; n'allez-vous pas revenir avec moi retrouver mon père?

— Revenir avec vous... non... Reine... je reste avec le commandeur. Demain sans doute

je vous reverrai. Adieu bien tendrement!...
adieu, Reine! encore adieu!

— De quel air vous me dites adieu, Honorat! — s'écria la jeune fille, frappée de l'expression presque solennelle des traits du chevalier. — Mais il n'y a aucun danger ; on n'attaquera pas les pirates. Maintenant, à quoi bon rester ?

— Non sans doute — dit Honorat avec embarras — on ne se battra pas; le commandeur veut seulement s'assurer du départ de ces misérables.

Pierre des Anbiez, ayant donné quelques ordres, s'approcha et prit Reine par la main.

— Vite, vite, mon enfant, embarquez-vous, le soleil baisse. Luquin Trinquetaille va vous prendre à bord de sa polacre ; avant demain matin vous serez dans les bras de votre père. Puis, s'adressant au capitaine de la *Sainte-Épouvante des Moresques*, qui lançait des regards furieux au bohémien, car ce dernier ne quittait pas des yeux Stéphanette et affectait de lui parler à voix basse, le commandeur dit à Luquin :

— Sur ta vie tu réponds de mademoiselle

des Anbiez. Pars à l'instant, tu la conduiras à la Maison-Forte, ainsi que les autres jeunes filles et sa suivante... les hommes resteront et renforceront l'équipage de ma galère... allons... adieu, Reine, embrassez-moi, mon enfant; dites bien à mes frères que j'espère demain leur serrer la main.

— Vous espérez, mon oncle ! quel danger y a-t-il donc ?

— Le soleil baisse, embarquez-vous vite — dit le commandeur sans répondre à la question de sa nièce et en la menant aux espales pour la faire descendre dans le canot qui devait la conduire à bord de la polacre.

Pendant que Reine échangeait un dernier regard avec Honorat, le bohémien, toujours impudent et cynique, s'approcha de Luquin. Hadji tenait Stéphanette par la main presque malgré elle.

— Je vous donne cette jolie fille, mon garçon; épousez-la en toute confiance. Hélas ! ma pauvre petite, il faut te résigner : je me souviendrai de ta tendresse.

— Comment ! de ma tendresse ! — s'écria Stéphanette indignée.

— C'est vrai, nous étions convenus de ne rien dire devant cette espèce de cormoran.

— Luquin, à ton canot... — cria le commandeur d'une voix impérieuse.

Force fut donc au digne capitaine de dévorer ce nouvel outrage et de descendre en toute hâte dans son canot pour y recevoir mademoiselle des Anbiez.

Cinq minutes après, la polacre, gouvernée par Luquin lui-même, faisait voile pour la maison-Forte, ayant à son bord Reine, Stéphanette et deux autres jeunes filles aussi miraculeusement arrachées au sort affreux qui les menaçait.

Lorsque la polacre fut éloignée, le bohémien s'approcha respectueusement du commandeur :

— Pog-Reis a tenu sa parole, monseigneur.

— Je tiendrai la mienne. Va m'attendre dans ta chaloupe.

Le bohémien s'inclina et quitta la galère.

Pierre des Anbiez dit au chevalier de Blinville qu'il devait commander la galère en son absence.

— Le sablier est plein... dans une demi-heure, il sera écoulé... Si je ne suis pas revenu à bord... vous entrerez dans la baie, vous attaquerez les pirates selon les ordres que je vous ai donnés : la galère noire combattra la *Gallione rouge*, le caïque combattra l'autre bâtiment.

— On commencera l'attaque sans vous attendre, monsieur le commandeur ? — répéta le lieutenant, croyant n'avoir pas bien compris.

— On commencera le combat sans m'attendre si dans une demi-heure je ne suis pas revenu — répéta le commandeur d'une voix ferme.

Un de ses gens lui apporta son feutre et un grand manteau noir où était écartelée la croix blanche de l'ordre.

Suivi d'Honorat, il quitta la galère, au grand étonnement des chevaliers de l'équipage.

Hadji était au gouvernail de la chaloupe... quatre esclaves maures prirent les rames, l'embarcation vola sur les vagues, qui commençaient à s'enfler sourdement, et s'éloigna rapidement de la galère noire en se dirigeant vers la pointe occidentale de la baie.

Pierre des Anbiez, enveloppé dans son manteau, tourna la tête et jeta un dernier regard sur sa galère comme pour s'assurer de la réalité des événements qui se passaient.

Il se sentait pour ainsi dire entraîné par une force irrésistible à laquelle il obéissait aveuglément presque sans réfléchir.

Après quelques moments de silence :

— Où cet homme attend-il ? — demanda-t-il à Hadji.

— Sur la grève, près des ruines de l'abbaye de Saint-Victor, Monseigneur.

— Fais donc ramer tes gens, ils n'avancent pas — dit Pierre des Anbiez dans sa fiévreuse impatience.

— Les vagues sont fortes, le nuage monte, monte, le vent va souffler ; la nuit sera mauvaise — dit Hadji à demi-voix...

Absorbé dans ses pensées, le commandeur ne lui répondit pas.

Le soleil allait bientôt jeter ses derniers rayons... il fut bientôt complètement obscurci par une large zone de nuages noirs qui, d'abord pesants et immobiles à l'horizon, commencèrent à s'avancer avec une effrayante rapidité.

Quelques coups de tonnerre sourds et lointains, phénomènes assez communs durant les hivers de Provence, annoncèrent un de ces brusques ouragans si fréquents dans la Méditerranée.

CHAPITRE XL.

LE COMBAT.

Les nuages amoncelés à l'occident envahissaient rapidement le ciel jusqu'alors serein.

Le murmure croissant des vagues, le mugissement plaintif du vent qui s'élevait, les roulements lointains du tonnerre, tout annonçait une formidable tourmente.

La chaloupe atteignit le rivage, une grève solitaire... cernée de blocs de granit rougeâtre.

Le commandeur et Honorat mirent pied à terre. Hadji les précéda de quelques pas, s'arrêta et dit à Pierre des Anbiez :

— Monseigneur, suivez ce sentier creusé

dans le roc, bientôt vous arriverez aux ruines de l'abbaye de Saint-Victor. Pog-Reis vous y attend.

Sans répondre à Hadji, Pierre des Anbiez s'engagea résolument dans une sorte de crevasse formée par une déchirure du rocher et à peine assez large pour qu'un homme pût y passer.

Honorat, non moins courageux, le suivit en réfléchissant qu'un traître placé sur la crête de l'un des deux rochers entre lesquels ils se glissaient plutôt qu'ils ne marchaient, pouvait les écraser en faisant rouler sur eux quelques-unes des pierres énormes qui couronnaient les escarpements.

La tempête approchait... approchait.

Les grandes voix du vent, de la mer, qui grondaient de plus en plus, éclatèrent enfin avec fureur dans l'immensité.

Du haut des nuages, la voix tonnante de la foudre leur répondit... la lutte commença entre la nature et les éléments.

Le commandeur marchait à grands pas. Il voyait dans ce violent orage un présage de plus ; il lui parut que la vengeance céleste s'entourait d'une majesté terrible... pour le frapper.

Plus il y réfléchissait, plus le songe étrange que lui avait raconté le bohémien lui apparaissait comme une manifestation de la volonté divine.

Par un de ces phénomènes ordinaires de la pensée, en une seconde, Pierre des Anbiez embrasssa d'un souvenir toute la sanglante tragédie de son amour avec madame de Montreuil... la naissance de son malheureux enfant; la mort d'Émilie, le meurtre de son mari ; tout lui revint à la mémoire avec une aussi effrayante précision que si son crime eût été commis la veille.

L'étroit passage qui serpentait à travers les rochers s'élargit un peu ; le commandeur et Honorat sortirent de cette muraille de granit et se trouvèrent en face des ruines de l'abbaye Saint-Victor.

Ils ne virent personne en cet endroit.

Le bassin intérieur de la baie formait une anse profonde.

Au sud, elle était fermée par les rochers du milieu desquels le commandeur venait de sortir ; au nord et à l'ouest, par les bâtiments à demi détruits de l'abbaye ; à l'est on découvrait la rade où étaient mouillées les deux galères des pirates.

La masse imposante des ruines de l'abbye, ses débris d'arceaux, ses lourdes ogives, ses tourelles à demi écroulées et couvertes de lierre, dessinaient leurs lignes tristes et grises sur les nuages noirs qui s'abaissaient de plus en plus.

Un jour blafard, qui n'était ni la lumière ni l'obscurité, jetait une étrange et sinistre clarté sur les rochers, sur les ruines, sur la grève, sur la mer.

Les vagues mugissaient, le vent rugissait, la foudre grondait... Personne ne paraissait.

Honorat, malgré son courage, fut frappé du spectacle lugubre et désolé qui s'offrait à sa vue.

Debout, enveloppé dans son long manteau noir, la figure sinistre et contractée, le commandeur semblait évoquer les mauvais esprits.

D'une voix émue et sépulcrale, par trois fois il appela : Pog-Reis !! Pog-Reis !! Pog-Reis !!...

Personne ne répondit.

Une chouette énorme poussa un cri funèbre et s'envola pesamment d'une voûte, massive comme une arche de pont, qui servait jadis d'entrée au cloître.

— Personne ne vient — dit Honorat. — Ne caaignez-vous pas une embuscade, monsieur le commandeur ; peut-être avez-vous été trop confiant dans la parole de ces misérables ?

— La vengeance divine revêt toutes les formes — répondit Pierre des Anbiez.

Il retomba dans son silence ; il regardait machinalement d'un air de sombre distraction la pesante arcade qui autrefois conduisait au cloître, et dont l'intérieur était noyé d'ombre.

Tout-à-coup un pâle éclair d'hiver jeta sa flamme sulfureuse sur cette arche et l'illumina d'une lueur livide.

La foudre éclata ; par un hasard étrange, à ce moment même, deux hommes sortirent de l'obscurité de la voûte et s'avancèrent à pas lents vers le commandeur et vers Honorat de Berrol.

C'était Pog... c'était Érèbe...

Pog tenait de la main droite une épée nue ; le bras gauche passé autour du cou d'Érèbe, il s'appuyait doucement sur lui, comme un père se serait appuyé sur son fils.

Erèbe tenait aussi une épée nue à la main droite.

Tous deux s'avancèrent à pas lents vers le commandeur et Honorat.

Pierre des Anbiez resta pétrifié.

Sans dire un mot, il se rejeta vivement en arrière, saisit le bras du chevalier de Berrol, et lui montra du doigt Pog et Erèbe, d'un geste épouvanté.

Malgré le changement apporté par les années dans les traits de Pog, le commandeur reconnaissait en lui M. de Montreuil, le mari d'Emilie ; l'homme qu'il croyait avoir tué et dont il avait conservé le portrait par expiation.

— Les morts sortent-ils du tombeau ? — dit-il à voix basse en entraînant Honorat et en reculant d'un pas à mesure que Pog avançait d'un pas...

Le chevalier de Berrol ignorait tout ce qu'il y avait de terrible dans cette tragédie ; mais il se sentit secrètement troublé, moins de l'apparition des deux pirates que du visible effroi du commandeur dont l'intrépidité était si reconnue.

Pour ajouter au sombre aspect de cette scène, la tempête augmenta de violence, la foudre tonna plus fréquemment encore.

Pog s'arrêta.

— Me reconnais-tu, me reconnais-tu ? — dit-il au commandeur.

— Si tu n'es pas un fantôme, je te reconnais — répondit le commandeur, en attachant sur le mari d'Emilie un regard fixe et stupéfait.

— Te souviens-tu de la malheureuse femme dont tu as été le meurtrier ?...

— Je m'en souviens... je m'en souviens, je m'accuse — et le commandeur se frappait la poitrine avec contrition.

A ces mots prononcés à voix basse par Pierre des Anbiez, Erèbe, dont les traits exprimaient une rage désespérée, leva son épée et voulut se précipiter sur le commandeur.

Pog le retint d'une main ferme et lui dit : — Pas encore.

Erèbe appuya la pointe de son épée par terre et leva les yeux au ciel.

— Tu me dois une sanglante réparation — dit Pog.

— Ma vie t'appartient. Je ne lèverai pas mon épée sur toi — répondit le commandeur en baissant la tête.

— Tu as accepté le combat... J'ai ta parole... Voici ton adversaire — il montra Erèbe... — Voici le mien — Il montra Honorat.

— L'épée à la main, donc — s'écria le chevalier de Berrol qui voulait à tout prix mettre fin à cette scène qui, malgré lui, le glaçait d'effroi.

Il s'avança vers Pog.

— Eux d'abord, nous ensuite — répondit Pog.

— A l'instant, à l'instant — s'écria Honorat — l'épée à la main !

Pog, s'adressant à Pierre des Anbiez, lui dit d'un ton impératif : — Ordonne à ton second d'attendre l'issue de ton combat avec le jeune capitaine.

— Chevalier, je vous en prie — dit le commandeur avec résignation.

— Défends donc ta vie, meurtrier ! — s'écria

Érèbe en s'avançant l'épée haute contre Pierre des Anbiez.

— Mais, c'est un enfant ! — dit ce dernier, en regardant son adversaire avec une sorte de compassion méprisante.

— Ta mère ! ta mère ! — dit tout bas Pog à Érèbe.

— Oui... un enfant... l'enfant de ceux dont tu es le meurtrier — s'écria le malheureux en frappant le commandeur à la figure du plat de son épée.

Le visage livide du vieux soldat devint pourpre ; emporté par l'outrage, il se précipita sur Érèbe en disant : — Seigneur, que ta volonté s'accomplisse...

Alors... alors... une lutte parricide s'engagea.

Et comme si la nature entière se fût soulevée d'horreur à la vue de cet abominable spectacle, l'obscurité devint profonde.

La foudre sillonna les nues, la tempête déchaîna ses fureurs, les rochers semblèrent trembler sur leur base...

Et le combat parricide continuait toujours avec acharnement.

Les mains jointes, Pog se repaissait avec une avidité féroce de cet affreux spectacle.

— Enfin... depuis vingt ans... je goûte un moment de vrai, d'ineffable bonheur... Foudre... tonne!!! tempête... éclate!!! la nature entière prend part à ma vengeance! — s'écria-t-il avec une joie sauvage.

Honorat, sans pouvoir se rendre compte de ce qu'il ressentait, s'écria éperdu :

— Je ne sais pourquoi ce combat me fait horreur... Assez... assez...

Il voulut se jeter entre Pierre des Anbiez et Érèbe.

Pog, doué dans le moment d'une force surhumaine, saisit Honorat, paralysa ses mouvements, en disant à voix basse, et avec un accent féroce.

— Et ma vengeance!!!

— Erèbe tomba.....

— Pierre des Anbiez, tu as tué ton fils, vois ces lettres... vois ces portraits! — s'écria Pog d'une voix retentissante qui domina l'ouragan et il jeta aux pieds du commandeur le coffret dérobé par Hadji chez Peyroü.

Tout à coup la foudre éclata avec des fracas impossibles à rendre.

Le ciel, la baie, les ruines, les rochers, la mer parurent en feu.

Une épouvantable explosion fit trembler le sol, une partie des ruines de l'abbaye s'écroula, tandis qu'une trombe de vent, enlevant, refoulant, brisant tout sur son passage, enveloppa toute la baie dans son irrésistible et gigantesque tourbillon. . . . .

. . . .

CHAPITRE XLI.

CONCLUSION.

Trois jours après le funeste combat du commandeur des Anbiez et d'Érèbe, la galère noire et la polacre de Luquin étaient mouillées dans le port de la Ciotat.

Neuf heures du matin venaient de sonner à l'horloge de la Maison-Forte.

Le capitaine Trinquetaille s'avança discrètement sur la pointe du pied dans la galerie où s'était passée la cérémonie de la Noël, et se dirigea vers l'appartement de mademoiselle des Anbiez.

Il frappa à la petite porte de l'oratoire, Stéphanette en sortit bientôt.

— Eh bien ! Luquin — dit la jeune fille d'un air inquiet — comment a-t-il passé la nuit ?

— Mal, Stéphanette, très-mal, il n'y a plus d'espoir — dit M. l'abbé.

— Malheureux enfant ! — dit la jeune fille. — Et monsieur le commandeur ?

— Toujours dans le même état, assis à son chevet, comme une statue, sans remuer, sans parler... sans voir, sans entendre... Le père Elzéar dit que si monsieur le commandeur pouvait pleurer... il serait sauvé, sinon...

— Eh bien !

— Il craint que la tête... — et Luquin fit un geste indiquant qu'on pouvait redouter la folie.

— Ah ! mon Dieu, si cela était, quel affreux malheur à ajouter aux autres.

— Et mademoiselle Reine — demanda Luquin — comment va-t-elle ?

— Toujours souffrante. Cette triste cérémonie du baptême d'hier l'a si émue ; monseigneur a voulu qu'elle fût, avec lui, marraine de ce pauvre jeune païen, que ces mécréants appelaient Érèbe ; sans cela, il ne pourrait pas mourir chrétien ! A cet âge, mon Dieu, il n'était pas seulement baptisé! Heureusement le père Elzéar a pensé à lui faire donner ce sacrement! Ah! le malheureux, il ne portera pas jusqu'à ce soir les noms chrétiens que monseigneur et mademoiselle lui ont donnés.

— Et monseigneur? — demanda Luquin.

— Oh! quant à monseigneur, il serait déjà sur pied...et auprès de M. le commandeur si on l'écoutait; du reste, l'abbé Mascarolus dit qu'un homme ordinaire aurait été tué par une pareille blessure et qu'il faut que monseigneur ait les os de la tête aussi durs que du fer... pour avoir résisté à cet horrible coup de massue. Dieu merci, celui qui a donné le coup n'en donnera plus!

— A propos, vous savez, Stéphanette, qu'on n'a pas pu retrouver le corps de Pog-Reis sous les ruines de l'abbaye?

— Ce n'était qu'un infidèle, mais mourir sans sépulture! — dit Stéphanette avec effroi...— Comment donc a-t-il été enseveli sous les ruines?

— Voici ce que M. Honorat m'a raconté et il doit le savoir. Au moment où le malheureux jeune homme tomba blessé par monsieur le

CONCLUSION.

commandeur, Pog-Reis, comme ils l'appellent, tenait M. Honorat pour l'empêcher d'aller séparer les combattants. Tout-à-coup, comme vous savez, la foudre a éclaté au milieu de la baie, elle est tombée à bord de la *Gallione rouge*, les poudres ont pris feu, la *Gallione* a sauté, et en sautant elle a englouti avec elle l'autre galère déjà très avariée par les boulets de la coulevrine de maître Laramée... Pas un pirate n'a échappé. Les vagues de la baie étaient si grosses, si furieuses, que le meilleur nageur s'y serait mille fois noyé...

— Mais Pog-Reis? — demanda Stéphanette...

— L'explosion fut si forte, que le sol trembla; le pirate surpris m'abandonna alors, me dit M. Honorat — « je courus au commandeur, qui s'était déjà jeté sur le corps de son fils, il l'embrassait en sanglotant. Au moment de l'explosion, Pog-Reis était resté au pied des ruines. Ces vieux murs, ébranlés par la commotion et par la violence de la trombe d'air, se sont écroulés et l'ont enseveli sous leurs débris. » Ce matin, des pêcheurs venant de la baie ont dit que les pierres étaient si énormes qu'on n'avait pu les remuer et qu'on avait renoncé à retrouver le corps de ce brigand.

— Mon Dieu ! mon Dieu, quel événement, Luquin, et comme cela prouve bien que le ciel est juste... Voyez... les deux galères de ces bandits foudroyées? pas un n'en réchappant? Pog-Reis écrasé sous les ruines de l'abbaye !

— Sans doute, sans doute, Stéphanette, le ciel a déjà beaucoup fait, mais il n'a pas tout fait ? il lui reste encore un autre compte à régler.

— Que voulez-vous dire ?...

— Lorsque nous avons entendu en mer cette explosion, en revenant sous toutes voiles à la Maison-Forte et même un peu plus vite que je ne le voulais, car la tempête chassait ma polacre sur les lames comme une plume dans l'air...

— C'est bien vrai, Luquin, aussi nous nous crûmes perdues. Quel temps ! quelles vagues ! nous pensions n'avoir échappé à un danger que pour tomber dans un autre.

— Oui... oui... Eh bien ! qui est-ce qui a

passé à une portée de canon de nous pendant l'ouragan?

— Que sais-je, moi? j'avais trop peur, j'avais trop à m'occuper de ma maîtresse pour regarder ce qui passait auprès de nous.

— Vraiment, Stéphanette. Eh bien! c'était le chebek de ce maudit bohémien, que l'enfer laisse sur cette terre, je ne sais pourquoi! Oui, c'était son chebek qui nous a prolongés. Il avait par hasard mouillé son navire assez loin des galères, et il ne s'est en rien ressenti de l'explosion! Deux heures après, lorsqu'il eut ramené M. le commandeur, M. Honorat et ce malheureux jeune homme à bord de la galère, profitant de l'incroyable oubli de M. le commandeur qui négligeait de le faire pendre, il a eu l'audace de remettre à la voile, et c'est lui que nous avons vu passer près de nous, retournant sans doute dans le sud, où il sera noyé ou brûlé si le bon Dieu tient à compléter l'exemple qu'il a déjà donné en engloutissant les deux galères pleines de ces mécréants... Voilà ce que je lui souhaite.

— Allons, allons, Luquin, vous êtes bien acharné après ce misérable, ne vous en occupez plus. Enfin, c'est lui qui nous a ramenés à bord de la galère noire, mademoiselle Reine, moi, mes compagnes, les prisonniers, le greffier Isnard et son clerc qui faisaient partie des captifs, et ne cessaient de l'appeler leur libérateur. Ayez donc un peu de pitié pour votre prochain...

— Mon prochain.... Ce misérable vagabond... Mon prochain !... le prochain de satan !

— Ah ! que vous êtes méchant dans vos rancunes !

— Allons... bon — s'écria Luquin en fureur. Voilà que vous le défendez maintenant, il ne vous reste plus qu'à le regretter... D'ailleurs, il le disait bien, que vous le regretteriez; et peut-être n'avait-il pas tort !

— Certes, si vous recommencez vos jalousies, vous me le ferez regretter.

— Le regretter... lui... vous osez....

— Sans doute, car au moins une fois dans son bâtiment, il m'a laissée pleurer, me désoler en repos...

— Ce n'est pourtant pas ce qu'il disait.....

hum... hum... les paroles dorées de ce bavard insolent étaient bien capables de vous distraire d'un aussi profond chagrin que celui que vous éprouviez sans doute.

Stéphanette, indignée, allait répondre à son fiancé, lorsque le sifflet de mademoiselle Reine des Anbiez la rappela dans l'intérieur de l'appartement.

Elle rentra après avoir jeté à Luquin un regard courroucé.

Le capitaine était en train de se repentir de ses soupçons, lorsque le majordome Laramée sortant précipitamment de la chambre de Raymond V.

— Vous voilà, Luquin, venez vite m'aider à transporter monseigneur chez le commandeur. Il est trop faible pour marcher ; nous le porterons dans son fauteuil.

Luquin suivit Laramée, et entra chez Raymond V.

Le vieux gentilhomme était encore très-pâle, un large bandeau noir enveloppait sa tête, mais il avait en partie recouvré toute sa vivacité, toute son énergie. L'abbé Mascarolus était près de lui.

— Vous dites donc, l'abbé... que ce malheureux enfant s'éteint, et qu'il veut me parler encore?

— Oui, monseigneur.

— Et mon frère Pierre?

— Toujours dans le même état, monseigneur.

— Vite... vite.... Laramée, jette-moi un manteau sur les épaules, et marchons avec tes jambes et celles de ce garçon, car les miennes ne sauraient encore me porter.

Luquin prit le fauteuil d'un côté, Laramée le prit de l'autre, et ils transportèrent le baron dans une vaste chambre où Érèbe était couché.

A la porte de cette chambre, ils trouvèrent Peyroü le guetteur, qui attendait avec anxiété des nouvelles de son ancien capitaine.

La figure d'Érèbe était déjà décomposée par les approches de la mort. Ses traits naguère si beaux, si purs, se contractaient douloureusement. Il était pâle, de la froide pâleur des mourants. Ses yeux seuls brillaient d'un éclat d'autant plus vif qu'il allait s'éteindre.

CONCLUSION.

Sa blessure était mortelle, et ne laissait aucun espoir.

Pierre des Anbiez, portant les mêmes vêtements que le jour de cette fatale rencontre, était assis sur le pied du lit de son fils, dans une immobilité absolue, la tête baissée sur sa poitrine, ses mains sur ses genoux, son regard fixe, ardent, attaché à la terre ; depuis la veille, il n'avait pas quitté cette position.

Le père Elzéar, assis au chevet d'Érèbe, penché vers lui, soulevait la tête appesantie de ce malheureux enfant, et la pressait doucement sur sa poitrine avec une douloureuse émotion.

Raymond V se fit déposer près du lit.

Luquin et Laramée se retirèrent.

—Dieu me pardonnera, n'est-ce pas, bon religieux? — dit Érèbe, d'une voix faible, à Elzéar. — Il aura pitié de mon ignorance en faveur de mon zèle... Hélas!.. depuis deux jours seulement, je suis instruit de sa vérité sainte.

—Espérez, espérez dans sa miséricorde infinie, mon enfant, vous êtes chrétien maintenant. Deux jours de repentir, de croyance rachètent bien des fautes. C'est la ferveur, et non la durée de la peine, qui touche le Seigneur...

— Oh!.. je mourrais avec une espérance de plus, si mon père pouvait me pardonner aussi! — dit Érèbe, avec amertume. — Puis il reprit avec égarement :

— Oh! malédiction sur Pog-Reis. Oh! pourquoi m'a-t-il fait croire, en me montrant ces portraits, que mon père avait été le meurtrier de ma mère et des miens?.. Oh! comment a-t-il pu soulever toute ma haine?.. Hélas! je l'ai cru... parce que lui, toujours si cruel pour moi, il a pleuré... oui... pleuré, en me serrant contre son cœur, en me demandant pardon du mal qu'il m'avait fait. Alors moi, voyant cet homme si implacable pleurer... me serrer dans ses bras... je l'ai cru... et puis j'espérais que ce combat me serait fatal... je savais Reine des Anbiez en sûreté... je pouvais mourir... Et vous, vous, son père.. me pardonnez-vous aussi? — dit Érèbe en s'adressant à Raymond V.

— Pauvre enfant... ne m'as-tu pas sauvé la

vie dans les rochers d'Ollioules? Quoique ma fille fût en ta puissance, ne l'as-tu pas respectée, défendue? Enfin n'es-tu pas le fils de mon frère... après tout... fils d'un amour coupable... si l'on veut, mais, Maujour! tu es de la famille.

— Raymond... Raymond — dit doucement Elzéar à son frère, d'un ton de reproche.

— Mais mon père... mon père, il ne m'entend pas — dit Érèbe. — Je mourrai donc sans qu'il m'ait dit : *Mon fils* — s'écria le malheureux enfant d'une voix défaillante, et d'un brusque mouvement il se redressa sur son séant, jeta ses bras autour du cou de Pierre des Anbiez, et laissant retomber sa tête alourdie sur le sein paternel, il s'écria : — mon père... mon père, entendez-moi?

Ce cri désolé, expirant, dans lequel Érèbe semblait avoir concentré le reste de ses forces, alla une dernière fois retentir au fond du cœur de Pierre des Anbiez.

Le commandeur leva lentement la tête, regarda autour de lui, puis baissa les yeux sur Érèbe, toujours attaché à son cou.

Alors, pressant la tête de son fils entre ses deux mains, il lui donna sur le front un baiser pieux d'une tendresse solennelle...

Puis il reposa doucement sur l'oreiller la tête de son enfant, et lui dit à voix basse, avec un sourire étrange et un accent rempli de bonté :

— Enfant... tu m'as appelé, j'ai entendu ta voix au milieu des ténèbres... je suis venu... maintenant j'y retourne. Adieu... dors... dors pour toujours, mon enfant...

Et il étendit le drap sur le visage d'Erèbe comme on fait pour les morts.

— Mon frère ! — s'écria le père Elzéar en écartant vivement le drap et en regardant Pierre des Anbiez avec étonnement.

Celui-ci ne parut pas l'entendre ; il retomba dans cette sorte d'accablement pour ainsi dire muet et sourd dont il ne devait plus sortir...

Erèbe s'affaiblissait de plus en plus...

Il dit à Raymond V :

— Une dernière grâce avant de mourir.

— Parle... parle... mon enfant; d'avance je te l'accorde.

— Je voudrais voir une fois, une fois encore votre fille... celle qui m'a donné un nom chrétien... Elle aussi, hélas! a bien à me pardonner.

— Reine, ta cousine, ta marraine; j'y consens de grand cœur. Elzéar, mon frère... voulez-vous la prévenir ?

— Les minutes sont comptées, il faut songer à Dieu, mon fils — dit Elzéar à Erèbe.

— Par pitié, que je la voie... ou je meurs désespéré — dit Erèbe d'une voix si déchirante que le père Elzéar sortit.

Raymond V prit les deux mains de son neveu dans les siennes.

Déjà elles étaient glacées...

— Elle ne vient pas... — dit Erèbe... — et pourtant il faut que je...

Sa voix s'affaiblit... il ne put continuer.

Reine entra accompagnée du père Elzéar.

Erèbe se leva à demi sur son coude gauche; de sa main droite, il eut la force de briser une petite chaîne d'or qu'il avait au col, il la tendit à Reine en lui montrant, avec un faible sourire, la petite colombe émaillée qu'il y avait suspendue, autrefois prise à Reine dans les roches d'Ollioules, et lui dit :

Je vous la rends... Me pardonnerez-vous ?

— Je porterai toujours cette chaîne en souvenir du jour où vous avez sauvé mon père — répondit Reine avec une émotion navrante.

— Vous la porterez toujours ? — dit Erèbe.

— Toujours ! — répondit Reine en ne pouvant retenir ses larmes.

— Ah ! je puis mourir maintenant — dit Erèbe.

Un dernier rayonnement sembla luire sur son visage assombri par les approches du trépas.

— Mon frère — dit le père Elzéar d'une voix austère en se levant — cet enfant va mourir.

Raymond V comprit que les derniers moments d'Erèbe appartenaient à Dieu. Il embrassa son neveu, fit venir Luquin et Laramée pour l'emporter, et sortit avec Reine.

Le commandeur était resté muet et immobile, toujours assis sur le lit de son fils mourant.

Raymond V lui envoya Peyroü, espérant que sa vue le rappellerait peut-être à lui.

Le guetteur, s'approchant de Pierre des Anbiez, lui dit :

— Monsieur le commandeur, venez.

Soit que la voix de Peyroü, qu'il n'avait pas entendue depuis longtemps, le frappât davantage... soit qu'il obéît à un instinct inexplicable, le commandeur se leva et suivit le guetteur, hélas! sans jeter un dernier regard sur son fils...

Le père Elzéar resta seul avec lui.

Un quart d'heure après, Érèbe n'était plus...

. . . .

Érèbe fut enseveli dans le cimetière de la Ciotat. Les pénitents noirs et gris de la Ciotat suivirent son convoi. Le service fini, ils se dispersèrent.

Un seul resta longtemps près de la tombe.

Chose étrange! il n'avait pas pris part ni aux chants ni aux cérémonies de l'église; il n'avait pas jeté de l'eau sainte sur le cercueil...

Ce pénitent resta jusqu'à la nuit.

Alors il regagna à pas lents un crique dans lequel il trouva un bateau où il s'embarqua.

Ce faux pénitent était Hadji. Il avait laissé son chebek sous voile et était venu à terre, bravant tous les périls pour venir rendre un dernier hommage à la mémoire du malheureux enfant qu'il avait pourtant concouru à perdre.

Depuis on n'entendit plus parler du bohémien.

Pierre des Anbiez, jusqu'à la fin de ses jours, resta dans un état qui n'était ni la raison ni la folie. On ne l'entendit jamais prononcer une seule parole, quoiqu'il continuât d'habiter la Maison-Forte.

Il ne répondait à aucune question. Il allait chaque matin s'asseoir près du tombeau de son fils, et il y restait jusqu'au soir, absorbé dans une méditation profonde. Peyroü ne le quittait pas. Le commandeur ne semblait pas s'apercevoir de sa présence.

Le père Elzéar, après quelques mois de séjour à la Maison-Forte, recommença sa vie aventureuse de rédempteur des captifs jusqu'à ce que l'âge ne lui permit plus de voyager.

Reine n'épousa pas Honorat de Berrol. Elle vécut fidèle au triste souvenir d'Érèbe.

Quelques années après, le chevalier se maria. Reine fut pour lui et pour sa femme la meilleure des amies.

Raymond V, guéri de ses blessures, chevaucha encore longtemps sur Mistraoü.

Le cardinal de Richelieu, informé de la courageuse conduite du baron lors de la descente des pirates, ferma les yeux sur les méfaits du vieux mécontent à l'endroit du greffier Isnard.

Peu de temps après, le maréchal de Vitry fut envoyé à la Bastille par suite de son démêlé avec monseigneur l'archevêque de Bordeaux. Raymond V se crut vengé; et, autant par reconnaissance pour le cardinal que par raison, il ne prit plus qu'une part toute *vénielle* aux rébellions.

Le digne Luquin Trinquetaille épousa Stéphanette, et, quoiqu'il fût d'une confiance aveugle dans sa femme et qu'elle la méritât de tous points, il regrettait de n'avoir pas pu noyer le bohémien.

Maître Laramée mourut au service du baron.

Le vénérable abbé Mascarolus donna encore

bien des recettes merveilleuses à dame Dulceline, et celle-ci fit encore bien des crèches pour des Noëls qui heureusement ne ressemblèrent en rien à la Noël fatale de 1652.

FIN.

LIVRES DE FONDS.

	in-8
Ascanio, par Alexandre Dumas	5 vol.
Aventures de Voyage en Orient, par Alphonse Royer	2 vol.
Aymar, par H. de Latouche	2 vol.
Aventures d'un Gentilhomme allemand, par Spindler	2 vol.
Aventures d'un Gentilhomme parisien, par lord Ellis	2 vol.
Auberge (l') des Trois Pins, par Roger de Beauvoir	1 vol.
Année (une) en Espagne, par Charles Didier	2 vol.
Au milieu des Douleurs, par Michel Raymond	2 vol.
Conversion d'un mauvais Sujet (la), par Raban	4 vol.
Croisière (la) de la Mouche, par Paul Hennequin	2 vol.
Charlotte Corday, par Alphonse Esquiros	2 vol.
Cœurs (les) Brisés, par madame Louise Colet	2 vol.
Coralie l'Inconstante, par madame A. Arnaud	2 vol.
Charlotte Corday et madame Roland, par madame Louise Colet	1 vol.
Derniers (les) Bretons, par Souvestre	4 vol.
Deux mois d'émotions, par la même	1 vol.
Entre deux Lames, par Pujol	2 vol.
Femmes (les) proscrites, par Arnould Frémy	2 vol.
Fils du Reprouvé, par Félix Lamb	2 vol.
Fille du Trombonne, par Saliret	2 vol.
Folles et Saintes, par la même	2 vol.
Ilots de Martin Vaz, par E. Corbière	2 vol.
L'Homme et l'Argent, par Souvestre	2 vol.
L'Homme aux trois Culottes, ou *la République, l'Empire et la Restauration*, par Ch.-Paul de Kock	2 vol.
La comtesse de Servy, par madame Arnaud	2 vol.
Le Tasse et la princesse Éléonore d'Est, par madame Gottis	2 vol.
Le Journaliste, par E. Souvestre	2 vol.
Mademoiselle de Verdun, troisième partie du *Faubourg Saint-Germain*, par le comte Horace de Viel-Castel; deuxième édition	2 vol.
Mémoires de la reine Hortense et de la Famille impériale, par mademoiselle Cochelet, (madame Parquin)	4 vol.
Méderine, par madame Ancelot	2 vol.
Mémoires du général Belliard, par M. Vinet	5 vol.
Ne touchez pas à la Hache, par Amédée Gouet	2 vol.
Pages de la Vie intime, par madame Mélanie Waldor	2 vol.
Passion et Devoir, par madame Hyppolite Taunay	2 vol.
Quinze ans d'exil dans les États romains, par le comte de Châtillon	2 vol.
Ruysch, par Roger de Beauvoir	1 vol.
Souvenirs d'un Demi-Siècle, par Touchard-Lafosse	6 vol.
Sur nos Grèves, roman maritime, par Fulgence-Girard	2 vol.
Singhy le Malais, histoire indienne, par Bouët	2 vol.
Trois (les) Pirates, par Édouard Corbière	1 vol.
Une Maîtresse de François Iᵉʳ, par madame Aug. Gottis	2 vol.
Une Cantatrice, par madame Hyppolite Taunay	2 vol.

www.ingramcontent.com/pod-product-compliance
Lightning Source LLC
Chambersburg PA
CBHW060056190426
43202CB00030B/1825